C.H.BECK WISSEN

Dieser Band bietet einen Gesamtüberblick der Entwicklung Preußens von den mittelalterlich-territorialen Wurzeln über die Phase der Aufklärung und des Nationalismus bis zu den letzten Krisen und der Auflösung Preußens im 20. Jahrhundert. Die Autorin zeigt Preußens Aufstieg zur Macht in Mitteleuropa, sie schildert aber auch ein «anderes» Preußen, die Formen nichtstaatlicher Modernisierung und politischer Partizipation sowie die Entwicklung einer eigenen Kultur.

Monika Wienfort, Dr. phil., ist Professorin für Brandenburgisch-Preußische Geschichte an der Universität Potsdam. Bei C.H.Beck ist von ihr erschienen: *Verliebt, Verlobt, Verheiratet. Eine Geschichte der Ehe seit der Romantik* (2014).

Monika Wienfort

GESCHICHTE PREUSSENS

C.H.Beck

Mit zwei Karten
(cartomedia, Karlsruhe)

1. Auflage. 2008
2., durchgesehene Auflage. 2015
3. Auflage 2022

4. Auflage. 2025

Originalausgabe

Wilhelmstraße 9, 80801 München, info@beck.de

www.chbeck.de
Reihengestaltung Umschlag: Uwe Göbel (Original 1995, mit Logo),
Marion Blomeyer (Überarbeitung 2018)
Umschlagabbildung: Kleines preußisches Staatswappen,
um 1865 © akg-images
Satz: C.H.Beck.Media.Solutions, Nördlingen
Druck und Bindung: Druckerei C.H.Beck, Nördlingen
Printed in Germany
ISBN 978 3 406 78610 5

verantwortungsbewusst produziert
www.chbeck.de/nachhaltig
produktsicherheit.beck.de

Inhalt

Einleitung

Preußen. Von der Wortgeschichte zum Staats- und Kulturbegriff

Die preußische Geschichte beginnt nicht in Preußen, sondern in Brandenburg. Der Name Preußen leitet sich ab von einem baltischen Volksstamm, den Pruzzen, die im Mittelalter das an der Ostsee gelegene Gebiet des späteren Herzogtums Preußen besiedelt haben. Wenig ist über die Pruzzen bekannt. Einige ostpreußische Adelsfamilien leiteten im 18. und 19. Jahrhundert ihre Herkunft mit Stolz auch von solchen frühen Bewohnern her. Für die Entstehung des Staates Preußen allerdings war dieses entlegene Gebiet zunächst nicht maßgeblich. Hier richtet sich der Blick zunächst auf das Kurfürstentum Brandenburg, das seit der Herrschaftsübernahme durch die süddeutsche Dynastie der Hohenzollern im 15. Jahrhundert den Kern eines wachsenden Territoriums im Heiligen Römischen Reich bildete. Durch eine weitsichtige Heiratspolitik vergrößerten nicht bloß die Habsburger in Österreich, sondern auch die Hohenzollern ihren Herrschaftsbereich. Im Jahr 1701 setzte sich Kurfürst Friedrich III. selbst die preußische Königskrone auf. Seitdem stand der Name Preußen für den gesamten brandenburgischen Herrschaftsbereich.

Bis in das 18. Jahrhundert wuchs ein Staatswesen, das vielfältige regionale Kulturen mit einem in der Monarchie verkörperten Zentrum überwölbte. Die Monarchie, die im «aufgeklärten Absolutismus» gegen die Mitspracherechte des Adels und der Städte vorging, Beamte, die den neuen, rationalen Verwaltungsprinzipien verpflichtet waren, und ein effizientes Militär prägten Preußen bis ins 19. Jahrhundert. Auch nach der Reichseinigung 1870/71 und der Gründung des Deutschen Kaiserreichs, in dem Preußen eine hegemoniale Position zufiel, lebte der Staat weiter. Als Endpunkt der preußischen Staatsgeschichte gilt der Kontrollratsbeschluss der Alliierten aus dem Jahr 1947, der Preußen endgültig auflöste.

Von der mittelalterlichen Staatsgründung bis ins 19. Jahrhundert entwickelte sich Preußen zu einem einheitlichen Staatsgebilde und zu einer europäischen Großmacht. Dieser Aufstieg verbindet sich bis heute vor allem mit den Herrscherpersönlichkeiten der preußischen Kurfürsten und Könige, besonders mit Friedrich dem Großen. Wann der stetige Aufstieg in den Niedergang preußischer Größe mündete, ist umstritten. Zeitgenossen wie Historiker sahen den Wendepunkt im Jahr 1806, als die Schlacht von Jena und Auerstedt gegen Napoleon verloren ging. Napoleon ließ ein Rumpfpreußen bestehen, das in den Befreiungskriegen nur durch die Mobilisierung nationaler Energien gemeinsam mit den Verbündeten Russland, Österreich und Großbritannien die französische Übermacht abschütteln konnte. Andere Beobachter schätzten die Reichsgründung 1870/71 als gewichtiger ein. Aber auch hier blieben die Meinungen kontrovers. Ging Preußen nun im Deutschen Reich auf, war damit der Endpunkt der preußischen Geschichte erreicht? Aber auch die Gegenmeinung, nach der Deutschland von nun an die preußische Hegemonie ertragen musste, hatte dabei ihre Berechtigung. Preußen und das Deutsche Kaiserreich wuchsen jedenfalls zusammen und überlagerten einander. Unbestritten ist aber immerhin, dass Preußen bis zur Mitte des 20. Jahrhunderts, sei es als Schreck- und Feindbild, sei es als bewundertes Ideal, in der politischen Kultur Deutschlands Bestand gehabt hat.

Die Bedeutung Preußens veränderte sich in der Wahrnehmung nach und nach: Preußen als Staatsbegriff trat in den Hintergrund, Preußen als Kulturbegriff wurde immer wichtiger. Bis ins 19. Jahrhundert überwog ganz eindeutig die Wahrnehmung als Staat. Man beobachtete die Innenpolitik der Könige, denen es um einen Ausbau der eigenen Macht nach innen wie nach außen ging. Monarchie und Bürokratie konnten vielfach Erfolge verzeichnen in ihrem Bemühen, die verschiedenen, geographisch breit gestreuten Territorien mit ihren besonderen Herrschaftstraditionen zusammenzufügen. Dem Ausbau der Macht nach innen entsprach seit dem Dreißigjährigen Krieg der Aufstieg im

Konzert der europäischen Mächte. Ein für den noch kleinen Staat zahlreiches und gut ausgebildetes Heer wurde von Friedrich dem Großen eingesetzt, um mit dem Besitz Schlesiens den Anspruch auf eine europäische Machtstellung zu untermauern. Die Wahrnehmung Preußens als Militär- und Beamtenstaat wurde seit dem 19. Jahrhundert von der Vorstellung Preußens als Ort einer Verfassungskultur ergänzt, die sich durch Toleranz und Rechtsstaatlichkeit besonders auszeichnete. Manche Kulturbegriffe wie die der «preußischen Tugenden» entfalteten aber auch eine ambivalente Wirkung. Im 19. Jahrhundert assoziierten Tugenden wie Fleiß, Pflichtbewusstsein, Bescheidenheit und Tapferkeit ein positives Preußenbild. Aber es war auch kritisch von «Kadavergehorsam» und widerspruchslosem Untertanengeist die Rede. Lange nach dem Ende des Staates entwickelte sich in der wiedervereinigten Bundesrepublik eine zunehmend ästhetisch bestimmte Vorstellung von Preußen. Die Erhaltung des «preußischen Arkadien», vor allem der Schlösser und Gärten in Berlin-Brandenburg, sowie die Debatten um den Wiederaufbau des Potsdamer und des Berliner Stadtschlosses prägen unsere Gegenwart. Als Kultur, als Architektur, als ästhetisches Programm ist Preußen heute damit lebendiger denn je.

Dieser moderne Begriff der preußischen Kultur lässt sich auch in einer Betrachtung der Geschichte Preußens anwenden. Preußen wird in dieser knappen Darstellung als ein dynamischer, sich stetig verändernder politischer, sozialer und kultureller Raum verstanden. In der deutschen Geschichte und ihrer Wahrnehmung spielt das Verhältnis von Staat und Gesellschaft eine zentrale Rolle. Für Preußen ist man dabei lange Zeit von einem «Primat des Staates» ausgegangen und hat preußische Geschichte als Staatsgeschichte «von oben», aus der Perspektive von Monarchie, Beamten und Militär gedeutet. Heute lässt sich diese einseitige Interpretation nicht mehr aufrechterhalten. In diesem Buch soll die Wechselbeziehung beider Sphären deutlich werden: Der häufig dominierenden Perspektive eines mächtigen Einheitsstaates wird die Ebene der Landschaften, der Regionen und Provinzen gegenübergestellt. Brandenburg bildete den geographischen wie politischen Kern, aber zumindest zeitweise haben das an die

Niederlande grenzende Kleve oder die in den Teilungen Polens im 18. Jahrhundert gewonnenen Gebiete auf Politik und Kultur des Gesamtstaates großen Einfluss genommen. Gleiches Augenmerk wird auf die Einwohner der «preußischen Staaten» gerichtet. Brandenburger, Pommern und Schlesier, Westfalen und Rheinländer wurden früher oder später auch zu Preußen. Im 18. Jahrhundert hofften hugenottische und jüdische Einwanderer auf die religiöse Toleranz, die zum Bestandteil der Staatsräson erhoben wurde. Die polnischen Einwohner konnten bis in das späte 19. Jahrhundert mit einer Behandlung als preußische Untertanen rechnen und trotzdem ihre katholische Konfession und polnische Sprache beibehalten. Erst im Kaiserreich konkretisierte sich eine Politik der Germanisierung, die preußische Staatsbürger polnischer Nationalität zu Deutschen erziehen oder sie überhaupt durch Deutsche ersetzen wollte.

Die Vielfalt der Landschaften und Städte erzeugte unterschiedliche Bilder von Preußen. Berlin präsentierte sich in der Frühen Neuzeit als eine höchstens mittelgroße Residenzstadt. Ein Vergleich mit den europäischen Zentren London und Paris verbot sich daher von selbst. Um 1900 gehörte Berlin zu den am schnellsten wachsenden Städten der Welt. Die Dynamik der Großstadt wurde legendär, bis die «goldenen zwanziger Jahre» Berlin zur Metropole machten, die Europäer wie Amerikaner anzog. Während Köln und Breslau zu regionalen Zentren und Industriestädten wuchsen, blieben andere Städte eher von der Vergangenheit geprägt. Bis heute sehen wir Potsdam als Stadt des Barock und Neuruppin als Juwel des Klassizismus. Auch die ländlichen Gegenden unterschieden sich deutlich voneinander. Der agrarische Osten und der industrialisierte Westen hatten am Ende des 19. Jahrhunderts wenig gemein. Den ausgedehnten Waldgebieten im Nordosten stand die Intensivlandwirtschaft der Magdeburger Börde gegenüber, und der Kleinstellenbesitz im Rheinland ließ die Landschaft anders aussehen als die von großen Guts- und Bauernhöfen bewirtschafteten östlichen Provinzen oder das durch den Landesausbau neu gewonnene Land im Oderbruch.

Nicht nur Landschaft und Städtewachstum, sondern auch

Religion und Konfession bestimmten Preußens Entwicklung. Die Einführung der Reformation seit 1525 machte Preußen zum protestantischen Staat. Mit dem Übertritt des Kurfürsten Johann Sigismund zum Kalvinismus 1613 gehörten das Herrscherhaus und die Mehrheit der Bevölkerung unterschiedlichen Konfessionen an. Dieser dem Staat gleichsam eingeprägte konfessionelle Unterschied stellte die Wurzel der Toleranz als Staatsräson dar, die Preußen von anderen europäischen Staaten unterschied. Im 19. Jahrhundert wurde mit der Inbesitznahme des Rheinlands schließlich der Katholizismus immer wichtiger, zu dem sich auch die meisten Polen bekannten. Besondere Beachtung kommt in dieser Darstellung den Juden zu. Mit dem Emanzipationsedikt 1812 dokumentierte der preußische Staat seinen Willen zur Verbesserung der Lage der Juden. Er erweckte damit Hoffnungen auf eine gesellschaftliche Gleichstellung, die sich später nicht erfüllten.

Angesichts der Fülle der belletristischen wie wissenschaftlichen Literatur über Preußen und seine Geschichte kann nicht einmal der Anspruch erhoben werden, auch nur die wichtigsten Autoren zu nennen. Die Gesichtspunkte Landschaft und Bewohner, Gesamtstaat und Provinz, Stadt und Land, Religion und Konfession leiten die chronologisch angelegte Darstellung. Der Schwerpunkt liegt auf der modernen Geschichte Preußens seit der zweiten Hälfte des 18. Jahrhunderts. Dem Jahrhundert zwischen der Revolution 1848/49 bis zur Auflösung Preußens 1947 wird auch deshalb hohes Gewicht beigemessen, weil seine Auswirkungen auf die Gegenwart deutlich hervortreten. Dabei lassen sich preußische und deutsche Geschichte gelegentlich nur schwer voneinander abgrenzen. Die Urbanisierung fand als säkulare Entwicklung in Preußen statt, aber sie blieb nicht auf Preußen begrenzt. Die Darstellung bemüht sich daher, wo immer möglich, das für Preußen Typische oder besonders Wichtige herauszuarbeiten. Diesem Grundsatz folgend, lässt sich dem Ende der Weimarer Republik mit der Machtergreifung der Nationalsozialisten am 30. Januar 1933 der sog. «Preußenschlag», die Entmachtung der demokratischen Regierung Otto Brauns im Juli 1932, an die Seite stellen.

Preußen ist auch heute noch mehr als Erinnerung oder Gegenstand bloßer Erinnerungspolitik. Es geht weder in den bewunderten Monumenten monarchischer Repräsentation wie Schloss Sanssouci noch in den kritisierten Traditionen von Militarismus und Untertanengeist auf. Man kann Preußen heute ohne Schwarzweißmalerei zeigen und damit auch einen Beitrag zu aktuellen Fragen politischer Kultur in Deutschland leisten.

I. Mittelalter, Reformation und das 17. Jahrhundert

1. Mittelalterliche Anfänge. Die Hohenzollern in der Mark Brandenburg bis zur Reformation

Die Anfänge der brandenburgischen Landesgeschichte reichen weit ins Hohe Mittelalter zurück. Im 12. und im 13. Jahrhundert wurde Mitteleuropa durch umfassende Bevölkerungsbewegungen verändert. In die slawisch besiedelten Länder an der Elbe, dann auch in die Gegenden an Oder und Weichsel wanderten Angehörige deutscher Stämme aus dem Westen ein: Die Ostkolonisation oder Ostsiedlung brachte neue Siedlungsformen, Städte mit deutschem Stadtrecht vor allem, in das östliche Mitteleuropa. Bemühungen um eine Christianisierung der ansässigen Bevölkerung gingen damit einher. Nach und nach wuchsen die Neusiedler mit den Slawen in einem Prozess der Akkulturation zusammen. Markgraf Albrecht der Bär erbte im 12. Jahrhundert brandenburgisches Land von einem getauften Slawenfürsten namens Heinrich, der keinen eigenen Leibeserben besaß. Städte nach Magdeburger Recht mit Zollfreiheit wurden gegründet, die als Marktsiedlungen für Handwerker und Kaufleute, aber auch als Verwaltungssitze dienten. Alte slawische Siedlungen wie in Brandenburg, wo der sog. «Kiez», eine herrschaftliche Dienstsiedlung, der Stadtgründung der Markgrafen um 1170 vorausging, wuchsen zu Burg- und Verwaltungsstädten heran. Berlin und Cölln, dessen Name übrigens an die berühmte «Colonia» am Rhein (Köln) erinnern sollte, entstanden am Ende des 12. Jahrhunderts. Die brandenburgischen Städte folgten in ihrer Anlage den westlichen Mustern. Sie verfügten über einen Marktplatz mit Rathaus, eine Stadtmauer, eine Kirche und ein Spital. Eine landesherrliche Burg befand sich keineswegs überall. In Spandau, das als Burgsiedlung hauptsächlich der Verteidigung diente, ging die markgräfliche Burg schon auf ältere slawische Verteidigungsanlagen zurück. Obwohl sich die Verhältnisse im Einzelnen unterschieden, kann man festhalten, dass die Städte im Kolonisationsgebiet im Vergleich mit den alten Städten im Westen des Reiches stärker herrschaftlich geprägt waren. Das hat die spätere preußische Staatsbildung aus der Perspektive der fürstlichen Regenten deutlich erleichtert.

Die Gründungen von Angermünde, von Frankfurt und Berlin, von denen in der «Märkischen Fürstenchronik» berichtet wird, waren ohne Siedler aus dem Westen nicht möglich. Namentlich aus dem Rheinland kamen Bürger wie Bauern, aber auch Mönche nach Brandenburg. Prämonstratenser übernahmen im 12. Jahrhundert den Sitz des Erzbischofs in Magdeburg. Franziskaner, z. B. in Berlin im Jahr 1230, und Dominikaner ließen sich dabei in den neuen Städten nieder, während die Zisterzienser gemäß ihrer Ordensregel auf dem Land, in Sümpfen und anderen unwirtlichen Gegenden ihre Klöster wie in Lehnin und Chorin gründeten. Hier fand die Backsteingotik eine spezifisch märkische Ausprägung. Dabei zeigt die Gründungsgeschichte die enge Beziehung zwischen der noch ungefestigten Landesherrschaft und den Klostergründungen, die Missionstätigkeit wie Landesausbau gleichermaßen zum Ziel hatten. Dabei waren die Missionsvorhaben auch von den Kreuzzugsvorstellungen Bernhards von Clairvaux geprägt. In seinem im 19. Jahrhundert geschriebenen Werk «Wanderungen durch die Mark Brandenburg» schildert Theodor Fontane übrigens die Gründungssage des Klosters Lehnin. Danach gelobte Markgraf Otto I. um 1180 auf einem Jagdzug die Gründung des Klosters, in dem er auch bestattet sein wollte. Landesherrschaft und Mönchsorden nahmen das Land buchstäblich gemeinsam in Besitz. Schnell trat Konkurrenz um die Herrschaft auf, und die Allianzen zwischen den Landesherren und den Klöstern veränderten sich rasch.

Markgraf Albrecht, dem 1134 die heutige Altmark durch Kaiser Lothar III. übertragen worden war, und seine Nachfolger strebten nicht nur nach Städtegründungen, sondern förderten auch bäuerliche Siedlungen. Die charakteristischen Hufendörfer sind vielfach im 13. Jahrhundert gegründet worden. Auch hier kamen Einwanderer aus dem Westen des Reiches auf der Suche nach eigenem Hofbesitz zum Zuge. Die neuen Siedlungen hatten es allerdings keineswegs leicht. Nach Rodung der Wälder mussten sich die Bauern vielfach mit mageren Böden zufriedengeben. Wer vom Rhein kam, war überdies an bessere klimatische Bedingungen und an eine alte, römisch geprägte Kultur gewöhnt. Dafür versprach die Gegend zwischen Elbe und Spree zunächst nur eine eigenständige, bäuerliche Existenz. Gemeinsam mit den Markgrafen und ebenfalls als Siedler waren ehemalige Ministeriale, also hohe Bedienstete aus dem alten Reichsgebiet, die den Ursprung des märkischen Adels bildeten, ins Land gekommen. Diese Adelsgeschlechter bemühten sich um Herrschafts- und Landesausbau, indem sie Bauern auf ihrem Land ansässig machten. Konkurrenz untereinander, aber auch Schwierigkeiten mit benachbarten Klöstern oder auch dem Markgrafen waren nicht selten. Unter der Oberherrschaft des Markgrafen konnten einige Geschlechter wie in Freyenstein ihre Herrschaft aber lange behaupten.

Beispielhaft für viele Grafen und Fürsten im Mittelalter strebte die Dynastie der Askanier, der Markgraf Albrecht der Bär und seine Nachfolger angehörten, stetig nach einer Ausweitung des eigenen Herrschaftsbereiches. Nach und nach brachten sie neue Gebiete, vor allem im Osten und Norden, wie das an der Grenze zu Pommern liegende Stargard oder die Uckermark in ihren Besitz. In der historischen Forschung ist umstritten, seit wann die Askanier den Titel «Markgraf von Brandenburg» getragen haben. Aber seit der Mitte des 12. Jahrhunderts beherrschten sie den Kernbereich, den sie z. B. auch auf Kosten der in Sachsen beheimateten Wettiner ausdehnten.

Während der brandenburgische Herrschaftsbereich der Markgrafen, der im 14. Jahrhundert für einige Jahrzehnte an die Wittelsbacher und dann an die Luxemburger fiel, wuchs, befand sich der zweite territoriale Kern des späteren Preußen weiter östlich in noch sehr ungefestigter Lage. Im 13. Jahrhundert kämpfte der Deutsche Orden, eine Bruderschaft von Ordensrittern, die in den Kreuzzügen mit dem Ziel einer Eroberung Jerusalems gegründet worden war, gegen die baltischen Stämme der Pruzzen oder Prußen an der Ostsee. Auch der Deutsche Orden verband die Ziele einer Christianisierung der Bevölkerung mit den Vorstellungen einer Landnahme der Deutschen. In den 1280er Jahren wurden die Balten schließlich gewaltsam unterworfen. Auch diese «Staatsgründung» in einem landschaftlich vielfältigen, von fruchtbaren Ebenen, aber auch von Wäldern und Seen geprägten Gebiet konsolidierte sich, weil einheimische Gruppen des Adels und der Landbevölkerung mit dem Orden zusammenarbeiteten. Mit den Ordensrittern kamen bäuerliche Siedler aus den westlichen Gebieten des Reiches in das Land zwischen Weichsel und Memel. Im Vergleich mit Brandenburg verlief der Prozess der Eingliederung in das Siedlungsgebiet der Deutschen gewaltsamer und langsamer. Kultur und Sprache der Prußen konnten an den Rand gedrängt bis ins 17. Jahrhundert überleben. Erst dann traten an ihre Stelle mehrheitlich deutschsprachige Städte und Dörfer.

Im 14. Jahrhundert hatte sich Brandenburg als eines der bedeutenden Territorien des Reiches etabliert. Mit der Goldenen Bulle Kaiser Karls IV. aus dem Jahr 1356 wurde die brandenburgische Kurwürde bestätigt und die Bedeutung des Landes im Nordosten gegenüber den angestammten Reichsgebieten einmal mehr unterstrichen. Im Rückblick erscheint freilich das 14. Jahrhundert, in dem der Besitz der Mark zwischen den großen Herrschaftsdynastien im Reich wechselte, eher wie ein Intermezzo. Im Jahr 1412 wurde der Hohenzoller Burggraf Friedrich VI. von Nürnberg durch König Sigismund von Ungarn zum Verweser der Mark Brandenburg bestimmt, 1415 folgte die erbliche Übertragung der Kurwürde. Dabei hatte die Geschichte der adligen Familie der Hohenzollern in Süddeutschland, in Schwaben und in Franken, begonnen. Die ersten Familienmitglieder, die sich für das Jahr 1061 sicher nachweisen lassen, hießen Burchard und Wezil. Im 11. Jahrhundert entstand auch die Zollernburg in Schwaben, die sich heute noch – allerdings nach Zerstörungen und umfassenden Baumaßnahmen gänzlich verändert – im Besitz der Familie befindet. Zu Beginn des 15. Jahrhunderts handelte es sich bei den Zollern – der Name Hohenzollern stammt aus späterer Zeit – um eine bedeutende, vor allem in Franken um Ansbach begüterte Adelsfamilie. Die Übertragung der Mark Brandenburg an Friedrich VI. (fortan Friedrich I. von Brandenburg) belohnte die Unterstützung, die König Sigismund bei seiner Wahl zum römisch-deutschen König von Friedrich erfahren hatte. Damit befand sich das Grenzland endgültig im Besitz der Hohenzollern-Dynastie, die es stetig zu ihrem Machtzentrum ausbaute.

Friedrich I. und seine Nachfolger bemühten sich vor allem darum, ihr Territorium zu erweitern und den landsässigen Adel, der seine Autonomie durch zahlreiche blutige Fehden unter Beweis stellte, zu unterwerfen. Die Auseinandersetzungen der Markgrafen mit den Adelsfamilien Bredow und Quitzow haben zu vielfältiger Legendenbildung um das berüchtigte «Raubrittertum» geführt. Eine Erweiterung des Territoriums gelang den Markgrafen dabei häufig, weil zahlreiche Adelsfamilien ausstarben. 1524 kam die Grafschaft Ruppin auf diese Weise zu Brandenburg. Der Dualismus von Fürstenherrschaft und Ständewesen wurde für viele deutsche Territorien charakteristisch. Konnte der Fürst die Außenpolitik und Fragen von Krieg und Frieden bestimmen, benötigte er doch für die Kriegführung finanzielle Mittel, die als Steuern nur mit Hilfe der Stände, des Adels und der Städte aufgebracht werden konnten. Die Städte wiederum suchten gegenüber einer erstarkenden Landesherrschaft anderswo, z. B. bei der Hanse, nach Rückhalt. Über eine funktionierende staatliche Bürokratie verfügten die spätmittelalterlichen Herrscher noch nicht. Die fortschreitende Staatsbildung hatte aber auch noch andere Aspekte: Im Jahr 1506 wurde die Universität Frankfurt an der Oder gegründet, an der vor allem Juristen und Theologen ihre Ausbildung absolvierten.

Damit besaß Brandenburg für die Ausbildung von Amtsträgern ein erstes eigenes Zentrum. Die Verbindung zwischen Brandenburg und dem Land des Deutschen Ordens in Preußen entstand im 16. Jahrhundert. Albrecht, ein nachgeborener Sohn des Hohenzollern Friedrich und der polnischen Königstochter Sophie, wurde, wie in den meisten Adelsfamilien für einen jüngeren Nachkommen üblich, für den geistlichen Stand bestimmt.

Im Jahr 1511 wurde Albrecht zum Hochmeister des Deutschen Ordens gewählt. Albrecht gebot damit wie andere Reichsfürsten über ein geistliches Territorium, das im Unterschied zu den weltlichen Herrschaftsgebieten aber nicht direkt vererbt werden konnte, obwohl sich in der Praxis durchaus Möglichkeiten für eine kontinuierliche Einflusssteigerung adliger Familien ergaben. Die Reichskirche stellte bis zur Reformation für den Adel generell und bis 1806 für den katholischen Adel ein wichtiges Forum familiärer Herrschaftsabsicherung und Medium des dynastischen Aufstiegs dar.

Nicht nur für die preußische Geschichte der Frühen Neuzeit gehört die Reformation zu den Ereignissen von überragender Bedeutung. Der Deutsche Orden, der seine Blütezeit hinter sich hatte und nur noch wenige Ritter zählte, befand sich nach den Auseinandersetzungen mit Polen um 1520 in politisch beinahe aussichtsloser Lage. Albrecht schloss sich nach Gesprächen mit Martin Luther der Reformation an. Das Ordensland wurde säkularisiert, und 1525 nahm Albrecht das Herzogtum Preußen vom polnischen König Sigismund I. zum Lehen. Wegen des Erbvorrangs des fränkischen Zweiges der Hohenzollernfamilie dauerte es noch bis zum Ausbruch des Dreißigjährigen Krieges 1618, bis Brandenburg und das Herzogtum Preußen unter brandenburgischer Herrschaft vereinigt wurden. In Brandenburg führte Kurfürst Joachim II. 1539 die Reformation ein. Er erkannte damit an, dass sich adlige wie städtische Untertanen bereits für den Protestantismus entschieden hatten. Sicher verfolgte der Kurfürst damit neben konfessionellen Zielen im engeren Sinn auch innen- und außenpolitische Erweiterungspläne, die insgesamt auf eine Machtsteigerung, z. B. durch die stärkere Einbeziehung der Bistümer Brandenburg und Havelberg in die fürstliche Verwaltung, hinausliefen. Auch die Organisation der Kirche nahm stärker als in katholischen Gebieten auf den Staat Bezug. Protestantische Geistliche eroberten eine Schlüsselrolle im Staat, die sie bis ins 19. Jahrhundert in unterschiedlicher Ausprägung behaupten konnten. Außenpolitisch bedeutete die Einführung der Reformation zunächst eine Distanzierung vom katholisch bleibenden Kaisertum, dem die brandenburgischen

Kurfürsten eigentlich ihren Aufstieg im Reich verdankten. Als protestantischer Reichsstand verfolgte Brandenburg langfristig andere Allianzen, vor allem mit den Niederlanden, mit England und mit Schweden.

In den Städten kam die Einführung der Reformation einem selbstbewusster gewordenen Bürgerstand entgegen, der sich besonders gegenüber der Kritik Martin Luthers an der alten Kirche und ihren Praktiken geöffnet hatte. Im Herzogtum traten Thorn und Kulm besonders hervor. Die «Kulmer Handfeste», das Gründungsdokument aus dem Jahr 1233, war hier zum Vorbild für Stadtgründungen geworden. Bereits im 15. Jahrhundert hatten sich Adel und Städte im «Preußischen Bund» gegen die autokratische Herrschaft des Ordens zusammengeschlossen. Die Einführung der Reformation stieß weder beim Adel noch bei den Städten auf Widerstand. Im Gegenteil: Gerade in den Städten, die wie in Königsberg mit dem Ordensregiment vielfach in Konflikt geraten waren, wurden die Lehren Luthers freudig begrüßt. Mit der Reformation wuchs das herzogliche Territorium zusammen. Damit erstarkte aber nicht bloß der Kurfürst, sondern auch der landsässige Adel. Zahlreiche Adlige hatten ihr Land vom Orden als Gegenleistung für Ritterdienste bei der Landesverteidigung erhalten oder stiegen wie die Adelsfamilien Dohna, Eulenburg oder Schlieben als Söldnerführer auf. Im 16. Jahrhundert, als die Folgen der mittelalterlichen Pestepidemien kurzzeitig überwunden waren, baute der Adel seine Gutswirtschaften mit Blick auf den viel versprechenden Getreideanbau aus. Wie das Fürstenhaus erließ auch der Adel erste Dorf-, Gesinde- und Dienstordnungen, die die bäuerliche Bevölkerung durch geschriebene Regeln zur Arbeit verpflichteten. Der Gesindezwangsdienst für Bauernkinder wurde eingeführt und das Abzugsrecht der Bauern beschränkt. Damit konnte die Landbevölkerung ihren Herkunftsort nicht mehr ohne Weiteres verlassen. Mit der Besserung seiner materiellen Lage konsolidierte der Adel das landschaftliche Kreditwesen. Gegen den Kurfürsten focht man nicht mehr mit Gewalt, sondern zog vor Gericht. Einmal mehr blieb der Kurfürst auf die Stände des Adels und der Städte angewiesen: Das Steuerbewilligungsrecht als Kernkompetenz der landschaftlichen Vertretung nahm eine Form an, die im modernen Parlament auch heute noch erkennbar ist.

Insgesamt verlief die Einführung der Reformation in Preußen wie in Brandenburg kaum gewaltsam. Adel und Städte profitierten wie das Fürstenhaus von der Entmachtung der großen Bistümer, Abteien und Klöster. In Preußen fand im Zuge der Bauernkriege im Herbst 1525 allerdings ein Aufstand statt, der durch den Herzog niedergeschlagen wurde. Die Einführung der Reformation fand mit der Gründung der lutherischen Universität Königsberg 1544 ihren ersten institutionellen Abschluss. Für die Theologie ist der Einfluss Königsbergs kaum zu überschätzen, hier erhielt die reformatorische Erneuerung von Kirchenordnung und Kirchenlied bleibende Bestätigung.

2. Protestantismus und frühneuzeitliche Staatsbildung in Brandenburg-Preußen

Im Gegensatz zu der verbreiteten Annahme, nur das «glückliche Österreich» habe seine territoriale Ausdehnung in der Hauptsache einer geschickten Heiratspolitik zu verdanken, hat auch Brandenburg, vor allem im 16. und 17. Jahrhundert, eine solche Politik betrieben. Ein besonders prägnantes Beispiel liefert die Begründung eines Erbanspruchs auf das Herzogtum Preußen, das sich nach der Reformation im Besitz der fränkischen Linie der Hohenzollern befand. Solche Erbschaften waren stets vom genealogischen Zufall abhängig. In der Regel führte erst das Fehlen von erbfähigen männlichen Nachkommen in direkter Linie zu neuen Möglichkeiten. In den Zeiten hoher Kindersterblichkeit, zu schweigen von den genetisch bedingten Folgen häufiger Verwandtenheiraten, konnte eine solche Situation allerdings jederzeit eintreten. Im Fall Preußens entschloss sich zunächst der brandenburgische Erbprinz Johann Sigismund 1594 zur Eheschließung mit der Erbtochter Anna von Preußen, die überdies noch Anwartschaften auf Jülich und Kleve mit in die Ehe brachte. Nach dem Tod seiner ersten Ehefrau bekräftigte dann Johann Sigismunds Vater, der Kurfürst, durch die Heirat mit Annas jüngerer und einziger Schwester diese Erwartung, die 1618 zum Ziel führte. Eine solche «Doppelehe» machte es eben anderen Adelsfamilien unmöglich, das Erbe der Schwestern zu beanspruchen.

In der zweiten Hälfte des 16. Jahrhunderts wurde Brandenburg zum protestantischen, zum lutherischen Territorium. Während sich vor allem die Königsberger Universität zum intellektuellen Zentrum des Luthertums entwickelte, knüpfte das Herrscherhaus enge Beziehungen zum reformierten Glauben, zum Kalvinismus, der sich vor allem im Westen Europas, besonders in der Schweiz, in den Niederlanden und Frankreich ausgebreitet hatte. Die Pfalz, das Zentrum der Reformierten in Deutschland, rückte mit der Heirat des kurfürstlichen Erben Georg Wilhelm mit der Tochter des pfälzischen Kurfürsten in den Blickpunkt. Im Jahr 1613 bekannte sich Kurfürst Johann Sigismund offiziell zum reformierten Glauben. Dieser Entschluss hatte – vermutlich vom Kurfürsten unbeabsichtigt – weit reichende Folgen für das Verhältnis der Herrscherdynastie zur Bevölkerung. Im Innern verzichtete Johann Sigismund darauf, seinen Untertanen die neue Konfession aufzuzwingen. Gegenüber den Gewohnheiten des 16. Jahrhunderts, in dem der Grundsatz «Cuius regio, eius religio» gegolten hatte, also die Vorstellung, dass die Bevölkerung der Konfession des Herrschers folgen müsse, war das eine bahnbrechende Neuerung. Allerdings hätte bereits zu Beginn des 17. Jahrhunderts ein vom Kurfürsten verordneter Konfessionswechsel gegen die Rechtsgrundsätze des Reiches verstoßen und wäre wohl nur mit Gewalt durchzusetzen gewesen. Der Kurfürst folgte mit dem Konfessionswechsel jedenfalls seinem eigenen Gewissen, er gestand aber auch seinen Untertanen in diesem Punkt Gewissensfreiheit zu. Toleranz wurde damit Staatsräson. Für die Reichspolitik und darüber hinaus bedeutete die Konversion, dass sich Brandenburg außerhalb der Regularien des Augsburger Religionsfriedens von 1555 stellte, die neben dem Katholizismus nur das Luthertum anerkannt hatten. Sowohl die konfessionelle Entscheidung mit der Bindung an die Niederlande und die Pfalz als auch die territorialen Zugewinne des Herzogtums Kleve und der Grafschaft Mark verankerten das brandenburgische Staatswesen damit frühzeitig auch im Westen des Reiches.

Der Dreißigjährige Krieg zwischen 1618 und 1648 machte sich in den Ländern des kurfürstlichen Herrschaftsbereichs unterschiedlich bemerkbar. Brandenburg wechselte – auch aus militärischer Schwäche – mehrfach die Bündnisgenossen. Einmal stand Brandenburg an der Seite Schwedens, dann wieder im Bündnis mit Frankreich. Der Kurfürst verfolgte pragmatische Ziele, die sich auf Selbstbehauptung und eine Vergrößerung seines Territoriums richteten. Das Schicksal Magdeburgs, das 1631 durch die kaiserlichen Truppen General Tillys gestürmt wurde, ein Angriff, der 20 000 Einwohner das Leben kostete, erregte im protestantischen Brandenburg die größte Aufmerksamkeit. Aber man erlebte bald selbst unmittelbar jeden Schrecken des Krieges, nach der Schlacht bei Wittstock 1636. Die Bevölkerungsverluste in der Altmark und in der Prignitz waren jedenfalls so groß, dass zahlreiche Dörfer und Siedlungen verschwanden und vielfach Wüstungen zurückblieben. Selbst wo keine unmittelbaren Kriegshandlungen stattfanden, litten die Einwohner durch Einquartierung und Durchzug von fremden oder eigenen Truppen. Ein Soldat benötigte pro Tag ein Kilogramm Brot, ein Pfund Fleisch und drei Liter Bier. Der Nachschub wurde aus der Gegend beschafft, und dem eigentlichen Heer folgte ein riesiger Tross von Proviantbeschaffern, Dienern, Knechten und Mägden, Frauen und Kindern. Die komplette Ausplünderung der Bevölkerung war die regelmäßige Folge. Der Krieg verminderte die brandenburgische Bevölkerung drastisch. Wer überlebte und nicht Hunger oder Seuchen zum Opfer fiel, musste wirtschaftlich häufig von vorn beginnen. Auch der Adel war betroffen. Zum Elend der materiellen Lage trat die Entfremdung vom Kurfürsten hinzu. Viele lutherische Adelsfamilien wie die Arnim, Rohr oder Schulenburg besaßen keine einflussreichen Positionen innerhalb der herrschaftlichen Verwaltung mehr. Landfremder Adel, der ausschließlich auf die Gunst des Landesherrn angewiesen war, nahm nun die Ämter ein. Der Westfälische Frieden von 1648, der dem Krieg schließlich ein Ende machte, stellte den Kurfürsten Friedrich Wilhelm nicht zufrieden. Der Gewinn von Hinterpommern ohne Stettin und die Odermündung und immerhin die Anwartschaft auf Magdeburg – das war weniger, als der Kurfürst erhofft hatte. In der Zukunft, so lautete das Fazit des Brandenburgers, musste sein Staat an militärischer Stärke deutlich hinzugewinnen.

Der Große Kurfürst hatte 1640, noch im Dreißigjährigen Krieg, die Herrschaft über weit verstreute und im Grunde nur durch die Dynastie verbundene Territorien «geerbt». Das Land befand sich in einer desolaten Verfassung. Friedrich Wilhelm setzte die Politik der Anlehnung an die Kultur des Westens fort. Als Kurprinz studierte Friedrich Wilhelm nämlich in den Niederlanden, und die Eheschließung mit der Oranierin Luise Henriette vertiefte die Beziehung. Friedrich Wilhelm sprach neben Niederländisch auch Französisch und Polnisch und war damit auf seine Aufgaben gut vorbereitet. Sein besonderes Augenmerk richtete der Kurfürst auf die Entwicklung von Handel und Gewerbe sowie auf den Wasserbau. Die Entwässerung von Sumpfland durch Graben und Kanäle gewann in Oranienburg, wo ein Schloss für die Kurfürstin errichtet wurde, neues Ackerland. Holländische Siedler, welche als «Holländer» die Rinderzucht und Milchwirtschaft verbesserten, wurden ins Land geholt. Auch in Potsdam entstand mit dem «Holländischen Viertel» eine Ansiedlung für spezialisierte Gewerbe. Der Bau des Oder-Spree-Kanals um 1670 schuf eine Verbindung zwischen der Oder und der Elbe bis nach Hamburg. Für den Handel zwischen den Städten im östlichen Mitteleuropa und den Nordseeanrainern wurde der Schiffbauerdamm in Berlin zur wichtigen Zwischenstation.

Der Auf- und Ausbau eines Heeres erforderte finanzielle Mittel, die nur durch Kredite oder die rigorose Besteuerung der Untertanen aufgebracht werden konnten. Eine neue, von nun an berüchtigte Steuer bestand in der Kontribution, die zunächst von fremden Truppen, dann von landesherrlichen Kommissaren erhoben wurde. Auf lange Sicht eine noch größere Belastung für die Einwohner der Städte bildete die Akzise, eine Verbrauchssteuer, die auf den Verkauf von Waren erhoben wurde. Während sich für städtische wie ländliche Einwohner der moderne Staat im Militär- und Steuerwesen konkretisierte und verfestigte, profitierten der brandenburgische und der preußische Adel von den für sie günstigen Ausgangsbedingungen. In Preußen zog der Adel Nutzen aus seiner geographisch und politisch engen Verbindung mit Polen als einer bedeutenden Regionalmacht, die nicht an einem Machtgewinn des preußischen Nachbarn interessiert war. Wie der polnische Adel, dem es gelang, den Einfluss des Königs zurückzudrängen und bis ins 18. Jahrhundert eine «Adelsrepublik» aufzubauen, bemühten sich die adligen Herren in Preußen um eine Konsolidierung ihrer lokalen Machtbasis. Ihre Beschwerden und Eingaben an den Herrscher zeigten, dass sie sich vornehmlich für solche Steuer- und Verwaltungsangelegenheiten oder Fragen des Gerichtswesens interessierten, die sie selbst unmittelbar betrafen. Ihr Bewusstsein blieb lokal und regional geprägt, ein Interesse an der Machtsteigerung des Gesamtstaates existierte noch nicht. Gleichsam als Antwort auf seine ständigen Beschwerden, auch auf die stets beliebte Kritik an den Ausgaben für die fürstliche Hofhaltung, erreichte der Adel eine Gewährleistung weit gehender Autonomie im Besitz und in der Verwaltung seiner Güter. Die Rechtsstellung zahlreicher, vor allem neu angesiedelter Bauern verschlechterte sich daraufhin. Mit der Vereinigung von Grund- und Gerichtsherrschaft in den Händen des Adels wurden sog. «ungemessene», also zeitlich nicht begrenzte Dienste verlangt, die der bäuerlichen Bevölkerung in der Praxis mit zwei bis drei «Hoftagen» pro Woche hohe Arbeitslasten auferlegten. Auch das Kirchenpatronat gelangte als Gegenleistung für die Unterstützung des Herrschers in die Hände des Adels.

In der preußischen Geschichtsschreibung des 19. Jahrhunderts hat man den im 17. Jahrhundert begründeten Interessenausgleich zwischen Herrscherhaus und landsässigem Adel als einen «Herrschaftskompromiss» gedeutet, besonders sichtbar im Landtagsabschied von 1653. Nach 1653 hat kein allgemeiner Landtag in der Kurmark mehr stattgefunden, und damit begann die Epoche des «Absolutismus». Der Kurfürst leitete die Sitzungen seines «Geheimen Rates» persönlich und begann mit der Bearbeitung von Geschäften im «Kabinett» mit seinen untergebenen Mitarbeitern. Die Finanz- und Heeresverwaltung wurde im Generaldirektorium neu geordnet, die Monarchie also durch eine nach Vereinheitlichung strebende Bürokratie zusammengeführt. Die ständischen, partikularen Rechte wurden nicht abgeschafft, aber geschwächt und aus der Gesamtverwaltung verdrängt. Der Adel erhielt zum Ausgleich einen rechtlich kaum begrenzten Zugriff auf Land und Leute. Der Große Kurfürst verwirklichte in seiner Regierungszeit den Aufbau eines stehenden Heeres von ca. 30 000 Mann. Ihm gelang damit das, was das englische Parlament seinem König zur selben Zeit erfolgreich verwehrte. Der kontinentale Absolutismus erscheint so gesehen nur als die sichtbare «Tagseite» eines souveränen Staatswesens, die den Fürsten, die Militär- und die Außenpolitik sowie teilweise die Finanzpolitik in den Vordergrund rückte. Die «Nachtseite» der lokalen Gesellschaft dagegen blieb von der Fürstensouveränität vergleichsweise unbehelligt. Hier bewirtschaftete der Adel seine Güter durch die Frondienste der Bauern und wehrte sich stetig gegen die Amtsausübung der lokalen Vertreter des Kurfürsten. Neuere Forschungsergebnisse haben freilich diese streng dichotomische Sichtweise relativiert. Während die partikularen Rechte des Adels mit dem Ende der Landtage nicht einfach verschwanden, sondern als regionalständische Politik und mit adlig-ständischen Politikern und Beamten bis ins 18. Jahrhundert z. B. in den ständischen Ausschüssen weiter bestanden, gab der entstehende Staat die ländliche Gesellschaft nicht einfach an den Adel verloren. Zahlreiche Gesetze, Verordnungen und Vorschriften, besonders im Zusammenhang mit dem Finanz-, Militär- und Gewerbewesen, wirkten erfolgreich in die adligen Herrschaftsbereiche hinein. Eine reinliche Trennung des entstehenden brandenburgisch-preußischen Staatswesens in eine fürstliche und eine adlig-lokale Sphäre ist daher eher analytisch hilfreich als gelebte Alltagswirklichkeit, die man aus den Quellen herauslesen könnte.

Auf dem Land wirkten der Fürstenstaat und die lokale Herrschaft gemeinsam an der Verschlechterung der Lebensbedingungen der Bevölkerung mit. Die Erbuntertänigkeit, eine Form der erblichen Schollenbindung, die für die ländliche Bevölkerung Dienste und Abgaben und die Einschränkung ihrer Freizügigkeit mit sich brachte, bildete sich im 17. Jahrhundert endgültig aus. Dabei muss betont werden, dass die Rechtsverhältnisse der Bauern sich lokal und regional unterschieden. Generell verschlechterten sie sich dabei von West nach Ost und von Süd nach Nord. Die Rechts- und Besitzsituation der Bauern in den erst später zu Brandenburg gekommenen Gebieten wie Pommern und dann Schlesien war meist schlechter als im Kerngebiet oder in Sachsen. Preußen allerdings bildete einen Sonderfall. Noch im 18. Jahrhundert gab es hier Bauern, sog. Kölmer, die nicht in die Untertänigkeit gedrückt werden konnten. Neben die rechtlichen Regelungen, welche die Lage der Landbevölkerung wirtschaftlich und sozial verschlechterten, traten zusätzliche Krisen. Das Herzogtum Preußen blieb von den schrecklichsten Ereignissen des Dreißigjährigen Krieges zwar weitgehend verschont. Königsberg mit seinen 40 000 Einwohnern überragte in diesen Jahren das wesentlich kleinere Berlin an Bedeutung bei Weitem. Erst im Nordischen Krieg bis 1660 erlebte man besonders in Masuren den Horror von Krieg und Seuchen, durch die die Bevölkerung um die Hälfte verringert wurde. Der Einmarsch eines polnisch-litauischen Heeres, der tausende von Opfern forderte, ist in der masurischen Erinnerungsgeschichte als «Tatareneinfall» bis ins 19. Jahrhundert präsent geblieben.

In der ersten Hälfte des 17. Jahrhunderts lernte auch das Herzogtum wie viele Territorien im Kerngebiet des Reiches Hexenverfolgungen kennen. Die soziopsychischen Folgen von Angst und Not wirkten sich hier wie anderswo in der Suche nach Sündenböcken aus. Um 1710 kehrte auch die Pest nach Preußen zurück. Beinahe die gesamte Einwohnerschaft der Kurischen Nehrung, einer bei Königsberg gelegenen, von der Ostsee geprägten Landschaft, fiel ihr zum Opfer.

In den Städten Brandenburgs, die im 17. Jahrhundert insgesamt an Bedeutung verloren, stieß die Unterstützung des reformierten Glaubens durch das Fürstenhaus auf wenig Gegenliebe. Konflikte zwischen Lutheranern und Reformierten ereigneten sich zahlreich, auch deshalb, weil das Herrscherhaus Reformierte bei der Verteilung von Ämtern bevorzugte. Der «Schutz der lutherischen Lehre» blieb eines der wichtigsten Anliegen. Paul

Gerhardt, dessen Kirchenlieder wie das Passionslied «O Haupt voll Blut und Wunden» für die deutschen Lutheraner immens wichtig wurden, verließ 1669 Berlin und wandte sich ins lutherische Kursachsen. Der zweifach protestantische Staat Preußen, in dem gegenseitige Duldung der Lutheraner und Reformierten unfreiwillig zum Strukturprinzip wurde, schuf Voraussetzungen, welche die Toleranz des 18. Jahrhunderts möglich machten. Zu dieser Folge der Auseinandersetzung zwischen Reformierten und Lutheranern trug noch ein anderer Umstand bei. Auch bei den Lutheranern entstand mit dem Pietismus eine bedeutsame Reformbewegung. Gegen die lutherische Orthodoxie suchten die Pietisten eine verinnerlichte Form protestantischer Frömmigkeit, die den Gottesdienst in Hauskreisen individualisierte und privatisierte. Im Unterschied zu der Mehrzahl der anderen protestantischen Territorien, wo der Pietismus – auch wegen des erbitterten Widerstands der Orthodoxie – höchstens geduldet wurde, fand die neue Praxis bei den brandenburgischen Kurfürsten, die stets nach einem Gegengewicht zu den lutherischen Ständen suchten, Unterstützung. So konnte sich der Pietismus im 18. Jahrhundert beim Adel und in den Städten ausbreiten.

Die Duldungspolitik Brandenburgs blieb nicht auf die christliche Religion beschränkt. Als Kaiser Leopold die Juden aus Wien auswies, erhielten einige besonders reiche jüdische Familien 1671 in Brandenburg ein Niederlassungsrecht. Nach der Erweiterung dieser Privilegien in den folgenden Jahrzehnten wurden die Juden zu einer zwar kleinen, aber ökonomisch wichtigen Bevölkerungsgruppe, die sich in Berlin, aber auch in bereits bestehenden jüdischen Gemeinden wie in Halberstadt niederließen. Halberstadt wurde im 18. Jahrhundert zur größten jüdischen Gemeinde in Preußen, weil die Handelszentren Leipzig und Magdeburg keine Juden duldeten. Hofjuden waren in Preußen wie in anderen europäischen Ländern für die Kreditbeschaffung und als Heereslieferanten unentbehrlich. In Berlin traten Daniel Itzig und Veitel Ephraim hervor, in Kleve wirkte Elias Gomperz. Juden betätigten sich in der Produktion von Textilien, z. B. der Seidenherstellung, und bauten Handelswege aus. 1769 übernahm die kurmärkische Landjudenschaft z. B. eine

Manufaktur von Wollmützen und Wollstrümpfen in Templin, nachdem ihnen ein Ansässigkeitsrecht für ein zweites Kind pro Familie gewährt worden war. Während der Kurfürst die Anwesenheit der Juden verteidigte, stieß sie in der Bevölkerung häufig auf Ablehnung. Vor allem wirtschaftliche Motive waren dafür verantwortlich. Klagen der Gilden und Zünfte gegen die Konkurrenz der Juden fanden sich in Preußen wie anderen Territorien zuhauf. Der heute noch gerühmte Zusammenhang der preußischen Staatsbildung mit der Vorstellung religiöser Toleranz geht in der Hauptsache auf das Edikt von Potsdam 1685 zurück. Mit diesem Gesetz lud der Große Kurfürst 20 000 französische Glaubensflüchtlinge, die Hugenotten, die der reformierten Konfession angehörten, zur Ansiedlung in Brandenburg-Preußen ein. Er reagierte damit auf die Aufhebung des Edikts von Nantes durch den französischen König Ludwig XIV. Als Lockmittel wurden nicht nur Religionsfreiheit, sondern auch Steuerfreiheit, eigene Gerichtsbarkeit und finanzielle Mittel für die Ansiedlung versprochen. Der Kurfürst verband damit konfessionspolitische Ziele im Hinblick auf die Förderung seiner eigenen Konfession im vornehmlich lutherischen Herrschaftsgebiet mit drängenden wirtschaftspolitischen Notwendigkeiten. Die «Evangelisch-Reformirten Glaubensgenossen Frantzösischer Nation», die sich in Berlin und in anderen Städten niederließen, übten meist qualifizierte Tätigkeiten als Handwerker und Kaufleute, Ärzte und Bankiers aus. Westliche Fortschritte in spezialisierten Gewerben vom Strumpfwirker bis zum Konditor und Verbesserungen in der Landwirtschaft verbreiteten sich mit der neuen Bevölkerungsgruppe. In Berlin entstand im Umfeld des kurfürstlichen Hofes eine elitäre Stadtgesellschaft reformierten Glaubens, die sich von der lutherischen Bürgergesellschaft deutlich abgrenzte.

Erste Spuren eines «Gesamtstaates» findet man damit in der Religionspolitik und im Bereich der Kultur. Mit dem Bau des Potsdamer Stadtschlosses um 1670, dem Ausbau des Cöllner Renaissanceschlosses und der Straße «Unter den Linden» in Berlin als zukünftiger «Via triumphalis» zeigte Kurfürst Friedrich Wilhelm, dessen Beiname «der Große» übrigens schon zeitgenössisch auftauchte, seine Aufgeschlossenheit gegenüber barocken Repräsentationsvorstellungen. Das Schloss in Berlin verkörperte damit eine Vorstellung von der Zusammengehörigkeit der Territorien, welche die Bevölkerung noch keineswegs teilte. Berlin gewann in den folgenden Jahrzehnten mit dem Zeughaus, dem großzügigen Ausbau des Stadtschlosses durch Andreas Schlüter und Eosander, schließlich mit Schloss Charlottenburg eine Statur als Barockstadt, die den Abstand zu den mit größerem Aufwand ausgebauten Residenzstädten Dresden und München deutlich verringerte. Die Repräsentationsanstrengungen wurden in der nächsten Herrschergeneration noch gesteigert. Die Kurfürstin-Königin Sophie Charlotte begründete um 1700 in Lietzenburg/Charlottenburg einen höfischen Salon, in dem Musiker, Literaten und Philosophen verkehrten. Gottfried Wilhelm Leibniz, mit dem die Fürstin eine enge Beziehung verband, konnte Friedrich III./I. im Jahr 1700 zur Gründung einer Akademie in Berlin bewegen, die sich auch mit der Erforschung der deutschen Sprache beschäftigen sollte. Die institutionelle Integration nahm auch nach dem Tod des Großen Kurfürsten 1688 stetig zu. Im Jahr 1694 wurde die Universität Halle gegründet, die bis zur Gründung der Berliner Universität die Stellung der wichtigsten brandenburgischen Landesuniversität innehatte. Die Wahl der Stadt Halle, die im 1680 gewonnenen Herzogtum Magdeburg lag, besaß dabei mindestens zwei Vorzüge. Einmal konnte man diesem neuen Landesteil generell eine herrschaftliche Prägung geben, andererseits eignete sich eine neu gegründete Universität, an die eher pietistische als orthodox lutherisch orientierte Professoren berufen wurden, besonders zur Ausbildung treuer Amtsträger in Kirche und Verwaltung. Wer dort studierte, traf unvermeidlich auf Studenten aus anderen Regionen, mit denen man die Loyalität zum brandenburgisch-preußischen Staatswesen gemeinsam hatte. An den Feierlichkeiten nahm der Fürst persönlich teil. Aus der Riege der 13 Gründungsprofessoren ragten August Hermann Francke, der 1695 als Keimzelle der Franckeschen Stiftungen eine erste Armenschule eröffnete, und der Philosoph und Jurist Christian Thomasius, einer der Begründer der Aufklärung und des Naturrechts in Deutschland, hervor.

Die allmähliche Formung eines Gesamtstaats lässt sich aber auch noch in einem anderen Zusammenhang verfolgen. Seit 1683 verwirklichten der Große Kurfürst und sein Nachfolger Pläne zur Gründung einer Kolonie an der westafrikanischen Goldküste, im heutigen Ghana. Unabdingbare Voraussetzung war der Besitz einer Flotte, ein Umstand, der eine Landmacht wie Brandenburg, die nur im östlichen Preußen an der Ostsee über einen Seehafen verfügte, vor nicht geringe Probleme stellte. Auch hier wurden die Niederlande nachgeahmt, und auch hier ging es um die Selbstdarstellung eines Staatswesens nach außen. Erfolg war dem Unternehmen allerdings nicht beschieden. Der Handel mit der einheimischen Bevölkerung um «Großfriedrichsburg» kam nur zögernd in Gang und litt unter den Aktivitäten der europäischen Rivalen. König Friedrich Wilhelm I. verkaufte seine Kolonie schließlich 1717 an die niederländische Westindische Kompanie. Der Ausbau Brandenburgs als frühneuzeitliche See- und Kolonialmacht war damit gescheitert.

Die Königskrönung Friedrichs III. im Jahr 1701 ist der Nachwelt vornehmlich aus der Schilderung Friedrichs des Großen überliefert. Der große König schätzte seinen Großvater und dessen Repräsentationsbemühungen wenig, und in seinen «Denkwürdigkeiten zur Geschichte des Hauses Brandenburg» fiel das Urteil über die Rangerhöhung des Kurfürstentums zum Königreich «in Preußen» rundum negativ aus. Namentlich waren dem zweiten Friedrich die angeblich in der Königskrönung zur Schau gestellte «Verschwendungssucht» und «Prachtliebe» zuwider. Der «Hang nach Zeremonien», den der Kurfürst-König nach Meinung seines Enkels zeigte, wird durch die moderne Geschichtswissenschaft allerdings sehr viel günstiger beurteilt. Tatsächlich gab sich ein vom Kurfürsten eigens gegründeter Rat unter der Leitung des Zeremonienmeisters Johann von Besser große Mühe, in Anlehnung an die Krönung Karls XII. von Schweden und Christians III. von Dänemark eine eigene Anleitung zur Krönung auszuarbeiten. Friedrich setzte sich im Königsberger Schloss am 18. Januar 1701 selbst die Krone auf, um dann anschließend seine Gemahlin zu krönen. Ordensstiftung, Kanonendonner, Glockengeläut und ein Krönungsgottesdienst, der von einem lutherischen und einem reformierten Bischof geleitet und in dem deutsche Kirchenlieder gesungen wurden, sowie zahlreiche «Freudenfeste» komplettierten das Programm. Die sich in der frühneuzeitlichen Öffentlichkeit schnell ausbreitenden Berichte über die Krönung sowie der Druck der Predigten und der Huldigungsgedichte verstellten gelegentlich den Blick für die enorme diplomatisch-politische Aktivität, die dem Ereignis vorausging. Ausgangspunkt der Pläne bildete die Tatsache, dass die fürstlichen Rivalen der Hohenzollern, die Wettiner und die Welfen, bereits eine Königskrone gewonnen hatten oder kurz vor einem solchen Gewinn standen. Die sächsischen Wettiner als Könige von Polen und die Welfen als zukünftige Herrscher Großbritanniens drohten das brandenburgische Kurfürstentum an Bedeutung weit zu überragen. Kurfürst Friedrich konzentrierte sich auf das Herzogtum Preußen, das nicht zum Reich gehörte. Ein brandenburgisches, dem Kaiser unterstehendes Königtum kam nicht in Frage. Die Einwilligung Kaiser Leopolds I. aus Wien hat allerdings lange auf sich warten lassen und war dem Kampf zwischen Frankreich und Habsburg um die Vormachtstellung in Europa zu verdanken, für den der Kaiser Unterstützung aus Brandenburg benötigte. Mehrere tausend Soldaten kämpften im Spanischen Erbfolgekrieg gegen Frankreich. Um möglichen Einsprüchen aus Polen zuvorzukommen, hatte der Kurfürst mit dem Titel «in Preußen» deutlich gemacht, dass er keinen Anspruch auf den polnischen Teil Preußens erhob. Dennoch musste man auf die Anerkennung als Königreich durch Frankreich, Bayern und das Kurbistum Köln bis zum Frieden von Utrecht 1713 warten.

Friedrichs I. Repräsentationsvorstellungen richteten sich keineswegs nur auf prachtvolle Zeremonien und kostspielige Feierlichkeiten. Mit Blick auf den Aufstieg Preußens zur europäischen Macht, wie er sich im 18. Jahrhundert vollzog, hatte gerade Friedrich II. wenig Grund zur Klage. Die neuere Forschung hat herausgearbeitet, wie bedeutsam die Königswürde im Kreis der europäischen Monarchien gewesen ist, um letztlich als ranggleich akzeptiert zu werden. Ein ausgefeiltes und prunkvolles Zeremoniell wurde so zum Verfahren staatlicher Selbstbehauptung und des Aufstiegs im europäischen Zusammenhang. Der zunächst vergleichsweise unbedeutende Staat Brandenburg existierte in mancher Hinsicht eben erst in und mit einer zeremoniellen Form, die ihn ranggleich mit den Königreichen Europas machte. Mit der Begründung des Königreiches hatte Preußen erste Schritte auf dem Weg von der ostmitteleuropäischen Regionalmacht zur gesamteuropäischen Bedeutung zurückgelegt.

Dabei entwickelte sich das Staatswesen erst allmählich in einem ungegliederten geographischen Raum. Nicht erst mit den Hugenotten und den Juden, die im 17. und 18. Jahrhundert nach Brandenburg kamen, sondern bereits im Mittelalter muss man die politische und die gesellschaftliche Ordnung als Resultat umfassender Bevölkerungsbewegungen begreifen. Migration erscheint damit weniger als ein modernes Phänomen, als häufig angenommen wird. Neben der Zuwanderung tritt der stetige Zuwachs des Herrschaftsgebietes der Markgrafen und Kurfürsten als bestimmender Faktor in Erscheinung. Die Heterogenität Brandenburgs und Preußens, Kleves und der Mark, Magdeburgs und Halles steigerte die regionale, gelegentlich auch bloß lokale Orientierung der einfachen Bevölkerung wie der Eliten auf dem Land und in der Stadt. Gegen eine Dynastie, die im Land vor allem als Empfänger von Steuerleistungen der Untertanen auftrat, zog man sich auf die unmittelbare Interessensicherung zurück. So gesehen profitierte der brandenburgische Fürstenstaat sogar von der Verschiedenheit und Verstreutheit seines Territoriums. In der gesamtstaatlichen Vision hatten der Große Kurfürst und der erste König innerhalb des Landes keine Rivalen zu fürchten.

Die brandenburgisch-preußischen Territorien zählten um 1700 nicht wesentlich mehr als eine Million Einwohner. Man war gezwungen, sich an eine Agrargesellschaft anzupassen, in der das Überleben vom Ertrag der Landwirtschaft abhing. Auf Missernten folgten beinahe immer Hungersnöte, da es für Nahrungsmittel kaum Transportmöglichkeiten über weite Strecken gab. Die Kindersterblichkeit war auch durch Krankheiten besonders hoch, und viele adlige wie bürgerliche oder bäuerliche Familien bleiben letztlich ohne Erben und starben aus. Nach dem Dreißigjährigen Krieg setzten daher nochmals Wanderungen aus dem Westen des Reiches ein, welche die verlassenen Bauernstellen in Besitz nahmen – meist zu schlechteren Bedingungen als ihre Vorgänger im Mittelalter. In Brandenburg und dem Herzogtum Preußen waren Städte, Handel und Gewerbe vergleichsweise schwach entwickelt. Mit den wirtschaftlichen Erfolgen in den Niederlanden und einigen Gegenden Frankreichs und Englands ließen sich die Bedingungen nicht vergleichen. Die Textilherstellung, gelegentlich auch Zucker- und Tabakverarbeitung boten zwar einige Ansätze zum Wachstum, das aber meist staatlich gestützt werden musste. Einem insgesamt bevölkerungs- und ressourcenarmen Staatswesen stand um 1700 ein vergleichsweise gut ausgebautes Militär gegenüber. Eine der grundsätzlichen Bedingungen für den Aufstieg zur europäischen Großmacht im 18. Jahrhundert ist damit benannt. Monarchie und Militär prägten diesen Staat an der Wende zum 18. Jahrhundert auf eine in Europa letztlich einzigartige Weise.

II. Aufbau und Aufstieg Preußens im 18. Jahrhundert

1. Landesausbau, Justiz und Militär zu Beginn des 18. Jahrhunderts

König Friedrich I. zog durch die Selbstkrönung mit anderen europäischen Fürstenhöfen im Rang gleich, erwarb sich aber nach Ansicht der borussischen Historiker des 19. Jahrhunderts ansonsten nur wenige Verdienste. Das Bild seines Sohnes und Nachfolgers Friedrich Wilhelm I. (des «Soldatenkönigs») stellt sich im Vergleich ganz gegensätzlich dar, so dass der Verdacht naheliegt, der erste König werde deshalb in der Historiographie so negativ beurteilt, um den Vorgänger wie den Nachfolger umso leuchtender hervorheben zu können. Die Unterschiede zwischen dem Soldatenkönig und seinem Vater waren allerdings beträchtlich. Repräsentation, höfischer Prunk und Luxus stellten für den Sohn in jeder Hinsicht Schreckbilder dar. Nicht bloß der alltägliche Luxus des väterlichen Hofes, sondern auch die kulturellen Bemühungen seiner Mutter, der Welfin Sophie Charlotte, die um 1700 ihr Schloss Charlottenburg repräsentativ ausgebaut und mit einem französischen Garten ausgestattet hatte, wurden nicht fortgesetzt. Der von dem göttlichen Auftrag seines Herrscheramtes überzeugte und von tiefer protestantischer Frömmigkeit geprägte König entließ nach seinem Regierungsantritt 1713 Hofpersonal, sprach Deutsch statt Französisch, sparte bei der königlichen Tafel und konsolidierte das fürstliche Vermögen. Friedrich Wilhelm I. kam es allein auf die Ausdehnung seines Staates und die Intensivierung seiner Herrschaft an. Im Frieden von Utrecht 1713 konnte Preußen seinen Besitz am Niederrhein ausdehnen und das in der Schweiz gelegene Neuchâtel hinzugewinnen. Im Jahr darauf kam das lange begehrte Vorpommern mit der Hafenstadt Stettin hinzu.

Zu Anfang des 18. Jahrhunderts lagen eine uns heute fremde Vergangenheit und noch in der Gegenwart Vertrautes eng zusammen. Das offizielle Ende der Hexenverfolgungen in Preußen war besonders den vernunftrechtlichen Überlegungen von Christian Thomasius zu verdanken. Hexerei, so Thomasius in seiner Schrift «De crimine magiae» aus dem Jahr 1701, wurde von den Anklägern als fleischlicher Pakt mit dem Teufel definiert. Da der Teufel aber niemals ein körperliches, sondern ein geistiges Wesen sei, könne das Delikt überhaupt nicht begangen werden. Um 1700 existierten Magie- und Zaubereivorwürfe zwar weiter, sie wurden aber nur noch als ehrverletzende Beleidigungen vor Gericht verhandelt. Thomasius betrachtete auch die Folter mit Skepsis, denn durch Schmerzen erpresste Geständnisse hielten die Aufklärer kaum für beweiskräftig. Friedrich II. schaffte schließlich unmittelbar nach seinem Regierungsantritt die Folter – außer bei Verdacht auf Hochverrat – als Mittel der Beweisfindung ab.

Auf der anderen Seite blieben Monarchie und Gelehrte vom Bevölkerungsproblem «besessen». Die Bevölkerungskrisen des 17. Jahrhunderts schienen überwunden. Die Anzahl der Preußen wuchs im 18. Jahrhundert deutlich. Im Jahr 1740 zählte man ca. 2,4 Millionen Einwohner, damit hatte sich die Bevölkerung seit 1688 verdoppelt. Allerdings gab es regionale Unterschiede. Das ehemalige Herzogtum, besonders die litauische Bevölkerung im Norden und die polnisch sprechenden Masuren im Süden, hatte sich nach 1710 noch kaum von den Pestepidemien erholt. Friedrich Wilhelm I. wandte dasselbe Mittel an, das schon 1685 zum Erfolg geführt hatte. Als der Erzbischof von Salzburg 1732 die Protestanten aus seinem Herrschaftsgebiet auswies, lud der König die Salzburger ein, in sein entvölkertes Herrschaftsgebiet an der Ostsee zu kommen. Von nun an blieben Salzburger Familiennamen wie Meyhöfer oder Schattauer in Preußen präsent. Auch aus den Niederlanden, aus der Schweiz und aus Schottland kamen Glaubensflüchtlinge, die u. a. die Esskultur prägten. Der «Tilsiter Käse», den Niederländer und Schweizer kreierten, gehört zu den auch heute noch bekannten Beispielen. Aus den konfessionell wie wirtschaftlich motivierten «Rettungsaktionen» für europäische Protestanten war jedenfalls damit endgültig ein festes Verhaltensmuster geworden: die Toleranz, die weniger philosophisch als im monarchischen Herrschaftsinteresse begründet war.

Trotz der handwerklichen Kenntnisse, über die zahlreiche Einwanderer verfügten, verlief die wirtschaftliche Entwicklung in den preußischen Territorien noch verhalten. Immerhin hatte Berlin im Jahr 1710 bereits 60 000 Einwohner und stieg damit nach Wien zur zweitgrößten Stadt des Heiligen Römischen Reiches auf. Die Stadt wurde erweitert, z. B. mit der 1732 begonnenen Verlängerung der Friedrichstraße. Berlin gewann eine Reihe von Unternehmen hinzu, die teilweise über Jahrhunderte eine wichtige Rolle spielten. Im Jahr 1761 wurde die Königliche Porzellanmanufaktur (KPM) gegründet, die spezialisierte Arbeiter und technisches Wissen aus dem sächsischen Meißen importierte. Friedrich II. schätzte besonders das «Bleu Mourant» (sterbendes Blau) genannte Rokokodekor eines Service, das er bei der KPM bestellte. Aber das 18. Jahrhundert stellte im gesamten Reich keineswegs eine Blütezeit der Städte dar. In den zentralen und östlichen Gebieten Preußens stagnierten Gewerbe und Handel. Die kleinen Städte kamen über die Bedeutung von lokalen Marktzentren nicht hinaus. Die politische Entwicklung der Städte war von einer stärkeren Einwirkung des Staates, vor allem durch die Steuerverwaltung, gekennzeichnet. Vielfach hatten sich die mittelalterlichen Zustände – wenige wohlhabende Familien dominierten den Rat oligarchisch – kaum geändert. Allerdings stiegen im 18. Jahrhundert Juristen, in Berlin z. B. aus dem Umfeld des Kammergerichts, in der städtischen Verwaltung auf, da den Königen an einem unmittelbareren Zugriff auf die Städte gelegen war. Andererseits beteiligten sich aber auch Unternehmer und Kaufleute am «städtischen Regiment».

Die wirtschaftliche Entwicklung in den Städten vollzog sich zwar nicht ausschließlich, aber doch wesentlich unter Einwirkung des Staates. In Berlin und Potsdam siedelten sich woll- und leinenverarbeitende Betriebe an, die für den Militärbedarf produzierten. Das Lagerhaus in Berlin, 1713 als Textilmanufaktur gegründet, wurde 1724 verstaatlicht und dem Militärwaisenhaus in Potsdam zugeschlagen. Die Arbeitsbedingungen für die dort arbeitenden Wollspinnerinnen waren schlecht. In einem Edikt von 1722 verbot Friedrich Wilhelm I. den Spinnerinnen den spontanen Wechsel des Arbeitsplatzes, setzte Obergrenzen für die Löhne fest und drohte Strafen für Garndiebstahl und schlechte Qualität des Garns an. Zahllose Anordnungen wie diese ergossen sich bis in die 1780er Jahre über das Land. Sie kennzeichneten eine Monarchie, in der die Einwohner ihre eigenen Wirtschaftsinteressen verfolgten, die der König aber als Missstände bezeichnete und sich mit oft bloß begrenztem Erfolg um Abhilfe kümmerte. Das Gesetz liefert ein gutes Beispiel für das Zusammenwirken von staatlicher Initiative und Reaktionen der Bevölkerung. Verbesserungen ließen sich unter diesen Umständen nur zögernd erreichen. Monarchie und Verwaltung bemühten sich auch um eine eigene Waffenproduktion, um von sächsischen Importen unabhängig zu werden. Nach dem Regierungsantritt Friedrichs II. 1740 wurde mit wechselndem Erfolg die Seidenindustrie gefördert. Mit dem Merkantilismus herrschte ein Wirtschaftsverständnis, das staatliche Gewerbesubvention vor allem mit der Vermeidung von Importen durch Errichtung von Zollschranken nach außen kombinierte. Solche Praktiken sollten die gegenüber dem Westen wirtschaftlich zurückgebliebenen zentralen und östlichen Landesteile fördern.

Die Landwirtschaft entwickelte sich trotz der wachsenden Landbevölkerung nur zögernd. Die Gemarkungen besonders in Masuren bestanden zu weit mehr als der Hälfte aus Wäldern, Ödland und Feuchtgebieten. Es fehlte an Wiesen und Weideland. In der an der Elbe gelegenen Altmark bestanden zwar für die Bauern durchaus günstige Besitzverhältnisse und mit zwei Tagen pro Woche nur mäßige Dienstlasten, allerdings war die Bodenqualität gering. Die landwirtschaftliche Entwicklung Preußens stieß daher auf viele «natürliche» Grenzen. Das Interesse an einer sowohl individuellen als auch gesamtstaatlichen Steigerung der Erträge war angesichts der geringen Produktivität bei Beamten und Landwirten, die sich in landwirtschaftlichen Gesellschaften trafen und Erfahrungen austauschten, verbreitet. Auf den Getreidefeldern wurde unter den Bedingungen der klassischen Dreifelderwirtschaft, die ein Drittel des Landes brachliegen ließ, häufig nur das «dritte Korn», d. h. das Dreifache der Aussaat, erwirtschaftet. Zog man wiederum ein Drittel dieser Ernte als für die neue Aussaat notwendig ab, so wird deutlich, wie begrenzt die Ressourcen waren. Die Aufmerksamkeit richtete sich daher auf eine Steigerung der Erträge durch eine Ausdehnung des bebauten oder sonst landwirtschaftlich genutzten Landes.

Im 18. Jahrhundert wandte man sich dann den zentralen Provinzen zu. Damit wurde der Ausbau des Landes, die «innere Kolonisation», die Moore und Wälder für die Landwirtschaft nutzbar machen sollte, zu einem der wichtigsten staatlichen Projekte. Im Havelland hatte man bereits Erfahrung mit Entwässerungsgräben gemacht, um das Sumpfland nutzen zu können. Friedrich II. wandte seine Aufmerksamkeit dem Oderbruch zu. Der berühmte Mathematiker Leonhard Euler gehörte zu den Ersten, die an der Planung des Projekts beteiligt wurden. Holländische Fachleute und hunderte Soldaten halfen seit den 1740er Jahren dabei, die westlichen Überschwemmungsgebiete der Oder einzudeichen und mehr als 50 000 ha neues Acker- und Weideland zu gewinnen. Auch in der Neumark an Netze und Warthe wurde neues Land gewonnen, so dass insgesamt fast 2000 Familien angesiedelt werden konnten. Was im Kontext heutiger ökologischer Überlegungen durchaus ambivalent wirkt, hatte im 18. Jahrhundert scheinbar nur Vorteile. Im Sinne des Merkantilismus wuchsen Bevölkerung und landwirtschaftliche Erträge, nicht zuletzt für den Unterhalt der Soldaten und der Pferde der Armee. Außerdem wurde die Oder auch für größere Schiffe befahrbar, angesichts des kaum weiterentwickelten Chausseebaus ein nicht zu vernachlässigender Gesichtspunkt. Da die entsprechende Bevölkerung am Ort nicht vorhanden war, hatten die Wanderungs- und Siedlungsmaßnahmen eine für Preußen charakteristische Wirkung. Die fremden Neubürger besaßen gute Chancen, angesichts der lokalen Identitäten der Angesessenen zumindest ein Stück weit zu den ersten «Preußen» zu werden, auch wenn sie sich erst nach und nach an ihre neue Heimat gewöhnten.

Voraussetzung für die sich während der gesamten Regierungszeit fortsetzenden Entwässerungs- und Landverbesserungsprojekte war ein fortschreitendes topographisches, statistisches und technisches Wissen. Es brauchte zwar nicht in jedem Fall einen Leonhard Euler, aber die Sammlung von Daten und ihre Auswertung gehörten doch zu den unerlässlichen Voraussetzungen. Dorfbevölkerungen wurden bis zum kleinsten Kind gezählt, Land neu vermessen und Berechnungen über für die Armee benötigte Fuder Heu angestellt. Friedrich II. organisierte und disziplinierte seinen Staat auch in einem räumlichen Sinn. Die traditionellen Ordnungskategorien, z. B. die ritterschaftlichen Kreise, die bloß die Rittergüter und ihre Besitzer, aber nicht die zwischen ihnen gelegenen Domänen und die Städte umfassten, verloren an Bedeutung. Die Landschaft wurde zum gestalteten Staatsraum, und Bewohner wie Territorien fügten sich geschlossen in diesen gestalteten Raum ein.

Aus der Sicht der Monarchen bildete die Justiz in den Jahrzehnten nach 1700 eine beklagenswerte staatliche Baustelle. Das frühneuzeitliche Gerichtswesen war überaus unübersichtlich. Eine Vielzahl von Markt-, Stadt-, Jagd- und Gildegerichten konkurrierte um die Zuständigkeit. Solche Gerichte mussten sich durch Sporteln, also Gerichtsgebühren, finanzieren. Besonders die Gerichte der ersten Instanz, die städtischen Untergerichte und die Patrimonialgerichte, die einem adligen Gerichtsherrn unterstanden und von denen es in Preußen mehrere tausend gab, stießen auf Kritik. Das Justizsystem galt als für die Untertanen unzugänglich, teuer und willkürlich, die Richter bestenfalls als ungelehrt, schlimmstenfalls als parteiisch und korrupt, die Anwälte als eine Gruppe, die Prozesse im eigenen Interesse in Gang brachte. Neuere Forschungen weisen allerdings darauf hin, dass solche Charakterisierungen ebenfalls einseitig waren und auf die großen Gerichte kaum zutrafen. Das Schulenburgische Gericht in der Altmark erledigte seine alltäglichen Aufgaben durchaus zufrieden stellend. Die Prozesse wegen Beleidigungen, Schuld- und Kreditsachen, Unzucht, Verletzung von Sonn- und Feiertagsregeln und Diebstählen waren im Regelfall durch eine kurze Verfahrensdauer, niedrige Kosten und einen von den Landbewohnern nachvollziehbaren Prozessablauf gekennzeichnet. Die Urteile des Gerichts wurden von der Bevölkerung akzeptiert, weil sich gelehrtes Recht und dörfliche Rechtsvorstellungen als miteinander vereinbar zeigten, aber auch, weil die Strafen milde ausfielen. Geldstrafen, für die häufig Ratenzahlung vereinbart wurde, überwogen gegenüber Körperstrafen. In dünn besiedelten Gegenden, wo Arbeitskräfte Mangelware blieben, hatte die Gerichtsherrschaft kein Interesse an harten Strafen, welche die Einwohner höchstens zur Flucht veranlassen würden. Die Justizreformen Samuel von Coccejis in den 1740er Jahren versuchten, den organisatorischen Problemen der Justizverwaltung zu begegnen. Die juristischen Fakultäten der Universitäten, die bis dahin großen Einfluss ausgeübt hatten, wurden von der Rechtsprechung ausgeschlossen. Die Reform der Richterausbildung und die Einführung einer festen Besoldung sollten das Gebührenunwesen beseitigen. 1747 bis 1749 wurde schließlich ein allerdings unvollständiges neues Gesetzbuch – der Corpus Iuris Fridericiani – erarbeitet, mit dem das Gerichtsverfahrensrecht gestrafft und präzisiert wurde. Mit diesen begrenzten Reformen begann Preußens Entwicklung zum Rechtsstaat.

Das Hauptinteresse des Soldatenkönigs aber lag eindeutig beim Militär. Friedrich Wilhelm I. legte die Prioritäten neu fest, als er das Hofrangreglement reformierte. An der Spitze stand nun der Generalfeldmarschall, es folgten die Generäle. Erst auf Rang fünf der Ordnung standen die Räte und Minister. Diese Bevorzugung des Militärs gegenüber zivilen Ämtern und Adel sollte die höfische Gesellschaft Preußens bis ins Kaiserreich bestimmen. In seiner Jugend hatte der Monarch die Abhängigkeit von Geldzahlungen fremder Mächte, sog. Subsidien, die letztlich die Finanzierung des Heeres ermöglichten, schmerzlich erfahren. Aber seit der Schlacht bei Fehrbellin 1675, als das brandenburgische Heer die als überlegen geltenden Schweden geschlagen hatte, besaß man einen europäischen Ruf, der lange nicht mehr verloren gehen sollte. In der Armee ging es allerdings überaus hart zu. Nach den Prinzipien des Fürsten Leopold von Anhalt-Dessau, des «Alten Dessauers», standen grausame Strafen wie Spießrutenlaufen, Krummschließen oder in den Stock spannen auf Delikte wie Meckerei, Trunkenheit oder Prügelei. Deserteure wurden mit dem Tod oder dem Abschneiden von Nasen und Ohren bestraft.

Die gemeinen Soldaten wurden immer noch durch Werber der Regimenter rekrutiert. Mehr als die Hälfte der Soldaten stammte aus anderen Territorien. Die Klagen der hannoverschen und mecklenburgischen Herrscher über die auch gewaltsamen Anwerbungen begleiteten die Jahrzehnte um 1700. Friedrich Wilhelm I. entschied sich daher 1733 für die neue Kantonsverfassung, die jedem Regiment einen festen Rekrutierungsbezirk zusicherte. Das veränderte Prinzip schränkte die Rivalitäten zwischen den Regimentern und die brutalen Praktiken ein. Allerdings wurde keineswegs jeder junge Mann von der Werbung erfasst. Adlige, Söhne wohlhabender Bürger und Beamter sowie die Kinder der Immigranten mussten keinen Militärdienst leisten. Überdies blieben die Verbindungen zwischen dem militärischen und dem zivilen Leben eng. Es gab noch keine Kasernen. Nach einer ersten Ausbildungsphase wurden die Soldaten in der Regel zurück in ihre Heimatstädte und -dörfer geschickt. Im Frieden leisteten sie zwei Monate Militärdienst im Jahr, bei dem sie in Bürgerquartieren untergebracht wurden. Auch die Offiziere veränderten ihr Selbstverständnis. Aus den eher unabhängigen Truppenführern wurde ein dem Herrscher persönlich verpflichtetes Offizierskorps, das unter Friedrich II. weit überwiegend aus pommerschen und brandenburgischen Adelssöhnen bestand. Für den landarmen Adel der östlichen Provinzen wurde der Militärdienst zur wichtigsten Versorgungsinstitution. Das Militär prägte die Adelsidentität, und umgekehrt spiegelte sich das Selbstbewusstsein des Adels im preußischen Offizierskorps. Wohl in keinem anderen europäischen Land wurde die Bindung zwischen Adel und Militär im 18. Jahrhundert so eng wie in Preußen. Mit ca. 76 000 Mann verfügte der Soldatenkönig am Ende seiner Regierungszeit über eine eindrucksvolle Landstreitmacht.

Der kostspielige Ausbau des Heeres mit «Seiner Königlichen Majestät Regiment», den «langen Kerls», für die Friedrich Wilhelm I. eine besondere Vorliebe hatte, erforderte einmal mehr Reformen im Steuer- und Finanzwesen. Die Modalitäten für die Verpachtung der Domänen, also des Landbesitzes des Fürstenstaates, der jährlich ca. drei Millionen Taler einbrachte, wurden vereinheitlicht. Eine Generalpacht auf sechs Jahre mit einer Kautionspflicht machten die Einnahmen für die Staatskasse kalkulierbar. Mit den Domänenpächtern wuchs eine neue Schicht nichtadliger, professioneller Landwirte heran, die sich besonders an den Bemühungen zur Ertragssteigerung durch Verbesserungen der Anbaumethoden beteiligte. Im ehemaligen Herzogtum reformierte Friedrich Wilhelm I. das ländliche Steuerwesen. Die Neuerfassung sämtlichen Grund und Bodens im «Generalhufenschloss» ermöglichte eine bedeutende Steigerung der Steuereinnahmen, da den traditionellen Praktiken des ostpreußischen Adels, der bislang einen großen Anteil seines Landes bei der Steuerveranlagung verschwiegen hatte, nun ein Riegel vorgeschoben wurde.

Der Soldatenkönig verließ sich noch weniger als seine Vorgänger auf seine Räte und Minister. Stattdessen regierte er aus dem Kabinett, mit Hilfe untergeordneter Bediensteter. Oft entfloh er seiner eher ungeliebten Residenzstadt Berlin und hielt sich in dem kleinen Schloss Wusterhausen auf, das sich durch seine Lage in einem Jagdgebiet empfahl. Das Fehlen selbstbewusster, aus den angesehenen Familien des Landes stammender adliger Räte hat einer autokratischen, sich isolierenden Herrschaftspraxis deutlich Vorschub geleistet. Auf der anderen Seite wurde die Regierung mit der Verwaltungsvereinheitlichung effizienter und «gesamtstaatlicher». Das «General-Ober-Finanz-Kriegs- und Domänendirektorium» als Zentralbehörde führte im Berliner Schloss die Geschäfte der regionalen Behörden zusammen, auch wenn eine Aufteilung in Angelegenheiten einzelner Territorien zunächst weiter praktiziert wurde. Erst nach dem Regierungsantritt Friedrichs II. traten Sachdepartements in den Vordergrund. Auch das Kassen- und Abrechnungswesen veränderte sich. Grundsätzlich mussten die einzelnen Kassen zunächst ihren eigenen Unterhalt bestreiten. Die Ausgaben dienten meist einem bestimmten Zweck, z. B. dem Militär. In Preußen wurde deshalb 1714 eine Generalrechenkammer eingeführt, die sämtliche Ein- und Ausgaben zusammenführen sollte. Friedrich Wilhelms I. strikte Haushalts- und Finanzpolitik verlagerte die Ausgaben von der höfischen Repräsentation zum Militär. Im Jahr 1740 umfasste der Staatsschatz, der übrigens im Keller des Schlosses in Berlin verwahrt wurde, beinahe acht Millionen Taler.

Mit dem Soldatenkönig kam die Blüte des Barock in Preußen recht sang- und klanglos an ihr Ende. Andreas Schlüter, der große Meister, der das Bernsteinzimmer entwarf und das Schloss erweiterte, musste nach dem peinlichen Einsturz eines Turmes Berlin verlassen und seine Arbeit in St. Petersburg fortsetzen. Dort wirkte er durch Pläne für vom römischen Barock inspirierte Repräsentationsbauten mit Schloss Peterhof womöglich noch eindrucksvoller. Die königliche Sparsamkeit traf auch das Hoforchester. Ohne Orchester aber ließen sich die «Brandenburgischen Konzerte», die Johann Sebastian Bach für den Markgrafen Christian geschrieben hatte, nicht in Berlin aufführen. Bachs Partitur wurde später im Nachlass des Brandenburgers gefunden und mit einem Wert von wenigen Groschen verzeichnet. Diejenige Form von geselliger Kultur, die dem König am besten gefiel, nannte man «Tabakskollegium». Am Abend versammelte sich die Umgebung des Königs, Offiziere wie der Alte Dessauer oder der kaiserliche Gesandte von Seckendorff. Bier und Tabak, derbe Späße, auch Dispute über kontroverse Gegenstände: Die Beschäftigungen des Tabakkollegiums als Männerbund waren von dem förmlichen und verfeinerten Umgang der höfischen Gesellschaft denkbar weit entfernt.

Das Alltagsleben der Landbevölkerung bestand unter den Bedingungen einer Face-to-face-Gemeinschaft wesentlich in der stetigen Behauptung und anzustrebenden Verbesserung der eigenen sozialen Position. Von einer harmonischen Idylle des ländlichen Lebens konnte keine Rede sein. Das Bedürfnis, die Verwandten ökonomisch zu überflügeln oder mit den Nachbarn Schritt zu halten, löste zahlreiche Konflikte aus. In den Gerichtsprozessen, die auf dem Land geführt wurden, lassen sich zeitgenössische Rechtsvorstellungen gut nachvollziehen. Gleichsam nebenbei erkennt man, dass Lese- und Schreibkenntnisse bei den männlichen Bauern z. B. in der Altmark verbreitet waren. Sie hatten ständig mit schriftlichen Dokumenten, z. B. Kauf-, Ehe- und Erbverträgen zu tun. Der Bauer Johann Christian Caließ aus der Nähe von Oranienburg führte in den 1770er Jahren sogar ein Schreibbuch, in dem er gesundheitliche Ratschläge für Menschen und Tiere, Käufe und Verkäufe von Vieh und Haushaltsgegenständen und gelegentlich den Durchzug fremder Fürsten, für den die Bauern Spanndienste leisten mussten, vermerkte. Neben den Auseinandersetzungen um Besitz, um Schulden und Zinsen, um Wegerechte und Erbvereinbarungen spielte die persönliche Ehre vor Gericht eine große Rolle. In den Prozessen wegen Unzucht, die vor den Gerichten häufig geführt wurden, ging es den Frauen meist darum, sich als Verführte darzustellen. Weibliche Ehre wurde beinahe ausschließlich als Geschlechtsehre verstanden. Entsprechend fand sich in Beleidigungsprozessen regelmäßig die Denunziation als «Hure». Konflikte um die Ehre wurden von Männern wie Frauen – besonders unter Alkoholeinfluss – häufig gewaltsam ausgetragen, aus der

«Verbalinjurie» wie «Dieb», «Schelm» oder «Schandhure» wurde schnell eine «Realinjurie», eine Tätlichkeit. Im Prozess gegen Verwandte oder Nachbarn ging es dann nicht nur um eine gerichtliche Strafe, sondern um Schmerzensgeld für den Kläger.

Monarchie und Staat schienen in diesem Lebensraum einerseits weit entfernt, jedenfalls im Vergleich zur Gutsherrschaft, den bäuerlichen Nachbarn oder der nächstgelegenen Marktstadt. Auf der anderen Seite erkennt man aber das stete Bemühen der Monarchie, durch Gesetzgebung und Verordnungspraxis den Zugriff auf die Untertanen zu verstärken. Im Jahr 1717 verkündete Preußen eine allgemeine Schulpflicht. Kinder sollten im Winter täglich, im Sommer wenigstens zweimal wöchentlich zur Schule gehen. Während in den Städten zumindest die Beamten, Kaufleute und Handwerker ihre Söhne aus eigenem Antrieb die Schule besuchen ließen und in Berlin das Joachimsthaler Gymnasium einen guten Ruf hatte, fehlten Schulen auf dem Land. An der Finanzierung der Schulen beteiligte sich der Staat, aber auch die Städte und Kirchengemeinden. Allerdings gab es bereits im 17. Jahrhundert auf einzelnen Gütern Schulen, die von adligen Gutsherren unterhalten wurden. Aber weder bei den Eltern, die Schulgeld zahlen mussten, noch bei den örtlichen Grundherrschaften und der Kirche wurde die Anordnung selbstverständlich akzeptiert. Vor allem die Kosten für den Bau von Schulgebäuden und die Besoldung der Lehrer verhinderten Schulgründungen. Die Lehrerbesoldung fiel mit vier Talern jährlich kaum ins Gewicht. Schulmeister waren gleichzeitig als Küster oder Handwerker tätig. Außerdem gewährte der König jedem Lehrer ein kleines Stück Land, das dieser zur Haltung einer Kuh benutzen sollte. Es wurde also erwartet, dass sich die Lehrer im Wesentlichen selbst versorgten. Der Küster-Lehrer unterrichtete Lesen, Schreiben, Rechnen und Religion. Obwohl der Erfolg der Schulen im Einzelnen fraglich blieb, nahm die Anzahl der Dorfschulen im 18. Jahrhundert von ca. 300 im Jahr 1713 auf beinahe 1500 im Jahr 1740 zu. Zu diesem Fortschritt trugen vor allem die protestantischen Kirchen bei, die für die Konfirmation ein Minimum an religiöser Unterweisung verlangten. Daher kamen in Städten wie Königsberg auch Theologiestudenten zum Einsatz, die «arme Leute» in den Kirchen unterrichteten. Fürst und Bürokratie sahen Reformbedarf auch auf dem Gebiet von Medizin und Gesundheitspflege. Angesichts der Auswirkungen der Pest bildete die Seuchenbekämpfung einen wichtigen Schwerpunkt der Bemühungen. Mit der Charité wurde 1727 ein Krankenhaus gegründet, das die Behandlung von Kranken und die praktische Ausbildung von Ärzten kombinieren sollte.

Das 1722 verfasste Testament des Soldatenkönigs verpflichtete den Sohn auf die Fortsetzung des eigenen Staatsbildungsprogramms: Verzicht auf Mätressen, Opern, Ballette und Maskeraden. Die höfische Repräsentation sollte als unnötiger Luxus verbannt werden. Friedrich II. wurde an den Grundkonsens des Staates erinnert, der Lutheraner und Reformierte anerkannte. Schließlich galt es, die Produktion von Waren in Manufakturen zu fördern. Die Armee sollte stetig weiter ausgebaut, aber nur für eigene Staatszwecke eingesetzt und nicht vermietet werden. Und der König fuhr fort: «An euch mein lieber Successor, ist es, das was euere Vorfahren angefangen haben, zu soutenieren, und jene Prätentionen und Länder herbeizuschaffen, die unserm Haus von Gott und rechtswegen zugehören.» Zwar warnte der König seinen Nachfolger, keine «ungerechten Kriege anzufangen», aber im Lichte der frühneuzeitlichen Staatslehre konnte das «Herbeischaffen» von neuen Territorien durchaus im Krieg bewerkstelligt werden.

2. Die Monarchie Friedrichs II., der Kriegsstaat und die Kultur des Rokoko

Friedrichs Laufbahn als Herrscher begann mit seiner Erfahrung als Kronprinz. Viele Historiographen des Hohenzollern-Hauses haben beobachtet, dass der Konflikt zwischen dem Vater und dem Erbsohn in dieser Familie häufig auftrat. Aber da man zumindest für die Welfen im Großbritannien des 18. Jahrhunderts ähnliche Beobachtungen machen kann – König Georg II. beklagte z. B. um 1750 den rivalisierenden Hof des Kronprinzen –, muss man mit solchen Annahmen vorsichtig umgehen. Sicher ist, dass Friedrich Wilhelm I. eine Persönlichkeit war, der es besonders auf unbedingten Gehorsam und Achtung seiner väterlichen Autorität ankam. Das galt vor allem für den Thronfolger Friedrich, der das Werk des Vaters fortsetzen sollte. In der Vorstellung des Soldatenkönigs erforderte ein solches Vorhaben, dass der Sohn Charakter und Werte des Vaters teilen sollte. Friedrichs frühe Entwicklung mit der Neigung zu französischen Büchern, zur Philosophie statt zur Frömmigkeit, zu verfeinerter Unterhaltung und Musik entsprach diesem Plan keineswegs, auch wenn sich später durchaus charakterliche Ähnlichkeiten zwischen Vater und Sohn zeigten. Kronprinz Friedrich und seine Schwester Wilhelmine wurden in den 1720er Jahren wie viele Fürstenkinder vor und nach ihnen zu Objekten dynastischer Heiratspolitik. Ihre Mutter, die Welfin Sophia Dorothea, plante eine Doppelheirat mit den Nachkommen ihres eigenen Bruders Georg II., der 1727 auf den britischen Thron gelangt war. Dieses Projekt stieß vor allem bei den am Berliner Hof vertretenen Anhängern der Habsburger auf entschiedenen Widerstand, und auch der Soldatenkönig wandte sich schließlich dagegen.

Als sich im Zusammenhang mit den Eheschließungsplänen der Konflikt zuspitzte und der 18-jährige Friedrich den Plan fasste, mit Unterstützung des Leutnants von Katte zu fliehen, kannte der Zorn des Königs keine Grenzen. Weil sich das vom König eingesetzte Kriegsgericht weigerte, den Kronprinzen zu verurteilen, wurde Katte durch eine Kabinettsorder des Königs, die das auf Festungshaft lautende Urteil des Gerichts verschärfte, desto härter, nämlich wegen Hochverrats, mit dem Tod bestraft. Friedrichs Bitten und seine Bereitschaft, auf die Thronfolge zu verzichten, zeigten keine Wirkung. Man zwang ihn am 6. November 1730, in der Festung Küstrin die Hinrichtung Kattes anzusehen. Mit dem Tod des Freundes sollte der Thronfolger bestraft und zum Gehorsam bewogen werden.

Der Kronprinz unterwarf sich seinem Vater, aber das Trauma, dass der Freund die grausame Strafe allein ertragen musste, zeigte langfristig Wirkung. Friedrich interessierte sich für die Justiz und beschäftigte sich zeitlebens mit ihrer Verbesserung.

Gerichtsförmige Grausamkeit lehnte er ab, während er die Schrecken des Krieges als selbstverständlich hinnahm. Friedrich Wilhelm I. zwang seinen Sohn zu einer Eheschließung. Wieder ging es grundsätzlich um kindlichen Gehorsam, und wieder gaben dynastisch-politische Gründe für die Wahl der Ehepartnerin den Ausschlag. Prinzessin Elisabeth Christine von Braunschweig-Bevern war eine protestantische Nichte der Kaiserin, und der Soldatenkönig trat nun ostentativ in eine familiäre Verbindung mit dem Kaiserhaus. Obwohl gegen die Persönlichkeit der Prinzessin auch aus Friedrichs Sicht kaum etwas einzuwenden war, gestaltete sich diese Ehe unglücklich. Friedrich II. und seine Ehefrau lebten getrennt, und der homosexuell fühlende König wandte sich mit Schwierigkeiten den Freundschaften mit Männern zu. Nicht zuletzt wegen der traumatischen Erfahrung des Verlusts von Katte ergaben sich daraus aber kaum Chancen auf persönliches Glück.

Für Wilhelmine hatten die gescheiterten Fluchtpläne Friedrichs ebenfalls drastische Folgen. 1731 verlangte der Vater von ihr, den Markgrafen von Brandenburg-Bayreuth oder einen Prinzen von Weißenfels zu heiraten. Andernfalls, so ließ er ihr durch seine Minister mitteilen, würde sie «sich nur durch Ungehorsam höchst unglücklich machen und Se. Majestät zwingen, sie nach Spandau bringen zu lassen». Friedrich Wilhelms Minister konnten noch am selben Tag melden, dass sich die Prinzessin angesichts der Drohung, «ob es zwar nicht ohne Tränen abgegangen», zu dem verlangten Jawort entschlossen habe. Die schnelle Eheschließung mit dem Markgrafen sollte offensichtlich jedes weitere von anderer Seite geplante Eheschließungsprojekt unmöglich machen und überdies eine dynastische Verbindung mit den fränkischen Verwandten anbahnen. Für den König persönlich stand der Gehorsam seiner Kinder im Mittelpunkt. Dynastisch setzte er mit der Entscheidung für Bayreuth die erfolgreiche Politik seiner Vorgänger fort, die Eheschließungen im Hinblick auf mögliche Erbfälle geplant hatten. Wilhelmine aber sorgte mit ihren «Erinnerungen» dafür, dass die erzwungene Heirat und das Unglück der Fürstentöchter nicht in Vergessenheit gerieten.

Gehörte die Neigung des Soldatenkönigs seiner Armee, die er aber stets vor dem Einsatz bewahrte, ging es Friedrich sofort und unmittelbar darum, mit der großen Armee – im Siebenjährigen Krieg kämpften 160 000 Männer unter der preußischen Fahne – das überragende Ziel, den Aufstieg Preußens zu einer europäischen Macht, in die Tat umzusetzen. Der Unterhalt der Armee verschlang schließlich zwei Drittel der Staatseinnahmen, im Verhältnis zur Bevölkerungszahl unterhielt man die größte Armee Europas. Obwohl Friedrich in diesem Zusammenhang wirtschaftliche Überlegungen fernlagen, wurde doch deutlich, dass die Armee nur erhalten werden konnte, wenn sie sich rentierte und den erwarteten Landgewinn erbrachte. Friedrich lebte über viele Jahre hinweg als Feldherr. In den Schlesischen Kriegen wie im Siebenjährigen Krieg kommandierte er seine Truppen persönlich. Der König war stets anwesend, gleichermaßen Befehlshaber und Kopf der Unternehmung wie lebendes Symbol der Aufgabe, die er der Armee und sich selbst stellte.

Die Motive für die Entscheidung, angesichts des Todes Kaiser Karls VI. in Schlesien einzumarschieren, lagen dabei weniger in der Behauptung althergebrachter Erbansprüche als in der Erkenntnis, dass Österreich den Aufstieg Preußens zur europäischen Macht nicht freiwillig akzeptieren würde. Der Verweis auf die alten Ansprüche, der sich bei Friedrich findet, war eher als Antwort auf das Vermächtnis im politischen Testament des Vaters zu verstehen denn als Botschaft an die europäische Öffentlichkeit. Überdies gab Friedrich offen zu, dass auch die Sehnsucht nach Ruhm sein Handeln bestimmte. Es bleibt auch heute nachvollziehbar, dass ein Herrscher, der selbst Geschichtsbücher schrieb, in diesen Geschichtsbüchern gewürdigt werden wollte. Offensichtlich verglich sich der König mit Cäsar, jedenfalls wenn er davon sprach, dass er «den Rubikon überschritten habe» und sich entweder behaupten oder untergehen müsse. Das leidenschaftliche Verlangen nach eigenem Ruhm und Preußens Größe verband sich mit pragmatischeren Motiven. Schlesien war als Grenzprovinz für Friedrich attraktiv, zudem durch eine weit entwickelte textile Protoindustrie und den beginnenden Bergbau wirtschaftlich viel versprechend.

Der erste Triumph konnte schnell gefeiert werden. Der König behauptete seine neue Provinz in der Schlacht bei Mollwitz 1741 und im Zweiten Schlesischen Krieg 1745. Der Frieden zwischen Preußen und Österreich hielt allerdings nur bis zum Jahr 1756. Was aus preußischer Sicht als Dritter Schlesischer Krieg Bedeutung erhielt, stellte insgesamt eine Auseinandersetzung um die Vorherrschaft in Europa zwischen Großbritannien und Frankreich dar, die den Krieg in globale Dimensionen ausweitete. Mit Ausnahme Großbritanniens standen zunächst sämtliche europäischen Mächte an der Seite Österreichs gegen Preußen. Namentlich Russland wandte sich gegen die neue Rolle Preußens, die das Mächteverhältnis im ostmitteleuropäischen Raum nachhaltig veränderte. Gegen die vermeintliche Übermacht feierte Friedrich legendäre Siege bei Rossbach und Leuthen. Sie begründeten den Mythos des unbesiegbaren Feldherrn, und damit kam er dem Vorbild Cäsars endlich nahe. Die Erfolge hielten allerdings nicht an. Im Jahr 1760 war nach mehreren Schlachten mit tausenden von Toten der Tiefpunkt erreicht, als Berlin kurzzeitig von österreichischen und russischen Truppen besetzt und geplündert wurde. Erst 1762 veränderte sich die Lage nachhaltig zu Preußens Gunsten. Der Tod der Friedrich feindlich gesinnten Zarin Elisabeth und der Bündniswechsel des neuen Zaren Peter wurden als das «Mirakel des Hauses Brandenburg» gefeiert, das Friedrich seinem Bruder Heinrich nach der Schlacht von Kunersdorf 1759 angekündigt hatte. Solche Stilisierung ließ in den Hintergrund treten, dass eher die Defizite in der Kriegführung der Verbündeten für die glückliche Selbstbehauptung Preußens verantwortlich waren. Das neue Bündnis mit Russland machte schließlich 1763 den Frieden von Hubertusburg möglich, in dem Preußen den Besitz Schlesiens endgültig behauptete.

Friedrichs Kriege forderten viele Opfer. Man schätzt, dass im Siebenjährigen Krieg 180 000 Preußen den Tod fanden. Der Bevölkerungsrückgang, der mit den Kriegen zusammenhing, wurde von Friedrich selbst auf ca. eine Million Menschen geschätzt. Aber seine militärischen Erfolge, namentlich die Eroberung Schlesiens und der Gewinn Westpreußens durch die Teilung Polens mit insgesamt ca. 5,5 Millionen Einwohnern, ließen

Preußen die Schwelle von der Mittelmacht zur europäischen Macht überschreiten. Zunächst stellte Westpreußen die stets gewünschte Landverbindung zwischen dem ehemaligen Herzogtum und dem Kernland Brandenburg dar. Nicht bloß militärische Überlegungen, sondern infrastrukturelle und zollpolitische Gesichtspunkte ließen dieses Territorium besonders erstrebenswert erscheinen. Friedrichs Eroberungen verankerten Preußen bis ins 20. Jahrhundert im östlichen Mitteleuropa. Erstmals veränderte sich auch die konfessionelle Zusammensetzung gravierend. Die Katholiken in Schlesien und im katholischen Ermland summierten sich zu einem Fünftel der Bevölkerung.

Die Geschichtswerke über Friedrich den Großen – eine Benennung, die bereits zeitgenössisch in Gebrauch kam – füllen bis heute ganze Bibliotheken. Das hat sicher auch mit dem Gegensatz zu tun – hier der «Roi Philosophe», der Philosophenkönig, der in französischer Sprache Literatur und Geschichtswerke verfasste und mit Voltaire verkehrte und eine berühmte Korrespondenz führte, da die Rätselhaftigkeit eines zurückgezogenen, einsamen Menschen, dessen Leben zum ganzheitlichen Opfer für den Staat stilisiert wurde. Jedenfalls bleiben Persönlichkeit wie Wirkung bis heute faszinierend. In der Lebensbilanz zählen die Kriege, die tausende Menschenleben kosteten, aber auch die kulturellen Glanzpunkte seiner Regierungszeit. In der Kronprinzenzeit umgab er sich in Rheinsberg mit einem Musenhof, an dem Musik, Dichtkunst und verfeinerte Hofkultur nach französischem Geschmack eine Blüte erlebten. Der König spielte virtuos Querflöte und nahm zur Erlangung von Perfektion selbst im Feld stundenlanges Üben in Kauf.

Friedrichs Staat veränderte sich schnell. Im Jahr 1770 wurde Berlin mit mehr als 100 000 Einwohnern zur Großstadt. Vor allem in den Textilmanufakturen fanden viele Neuberliner Beschäftigung. Außerdem machte sich bemerkbar, dass Friedrich II. die Garnison wesentlich verstärkt hatte. Mitte der 1780er Jahre wurden 33 000 Personen, darunter allerdings auch die Familien der Soldaten, zum Militär gezählt. Das Stadtbild wurde von nun an auch durch Kasernen geprägt, welche die Belastung der Bürgerbevölkerung durch Einquartierung des Militärs milderten. 1750 lebten ca. 2200 Juden in Berlin, und es zeichnete sich ab, dass die Stadt im 19. Jahrhundert zum Zentrum des deutschen Judentums werden würde. Moses Mendelssohn, jüdischer Gelehrter, Philosoph und Vorbild für Lessings «Nathan», verkörperte die Verbindung zwischen Judentum und Aufklärung. Seit der Mitte der 1750er Jahre bildete sich um den Buchhändler Friedrich Nicolai ein Kreis von Beamten, Wissenschaftlern und Künstlern, die das aufgeklärte Denken in Preußen verbreiteten. Das Freimaurerwesen, dem auch Friedrich II. in seiner Jugend beigetreten war, breitete sich aus. Lese- und Salongesellschaften diskutierten auch unter Beteiligung von Frauen Dichtung in deutscher Sprache, und die 1783 gegründete Berliner Mittwochsgesellschaft beschäftigte sich mit philosophischen und wissenschaftlichen Fragen. Neben das intellektuelle Zentrum Berlin trat Königsberg. Immanuel Kant, der berühmteste Einwohner Königsbergs, wurde 1770 dort zum Professor ernannt. Kants Vorstellung von der Aufklärung als «dem Ausgang des Menschen aus seiner selbst verschuldeten Unmündigkeit» strahlte vor allem in das preußische Beamtentum aus. Obwohl Kants Moralphilosophie sowie sein «frühliberales» politisches Denken kaum mit Friedrich II. in Zusammenhang gebracht werden konnten, verdichteten sich in diesen beiden Persönlichkeiten zumindest in der Wahrnehmung der Nachfahren typische Wesenszüge des preußischen Staates in der Aufklärung, in denen Begriffe wie Rationalität und Pflicht eine zentrale Rolle spielten.

Das Interesse Friedrichs des Großen an Reformen für die Justiz speiste sich aus einem grundlegenden Misstrauen gegen die gelehrten Richter. Die Juristen ließen in den Augen des Königs Recht und Gerechtigkeit allzu oft auseinandertreten. Obwohl Friedrich selbst einen Verzicht auf sog. Machtsprüche, also die persönliche Einwirkung des Königs auf Prozesse, verkündet hatte, handelte er anders. Im Müller-Arnold-Prozess 1779, einem Konflikt zwischen einem Müller und einem adligen Grundbesitzer, stieß der König das Urteil seines Gerichtshofes um und gab dem Müller mit seinem Antrag auf Schadenersatz statt. In der Forschung haben bis heute hauptsächlich der

Machtspruch und die damit verbundene Frage der Unabhängigkeit der Justiz als Kriterium für die Bedingungen eines Rechtsstaates interessiert. Der Fall selbst, der sich um grundlegende Fragen der Nutzung von natürlichen Ressourcen wie Boden und Wasser drehte, ist darüber in den Hintergrund getreten. Der Eingriff des Königs zeigte auf den ersten Blick einen Staat, in dem das Recht des «kleinen Mannes» auch gegen den Adel behauptet wurde. Auf lange Sicht gewährleistete aber gerade der Verzicht auf die Einwirkung des Königs in laufende Prozesse einen Fortschritt der Rechtsstaatlichkeit.

Das künstlerische, das gebaute Preußen, das Friedrich schuf, trat je später, desto deutlicher neben das Staatsgebilde, das der König geprägt hat. In den 1740er Jahren veranlasste Friedrich seinen Baumeister Georg Wenzeslaus von Knobelsdorff, in Berlin ein Opernhaus an der Straße «Unter den Linden» zu bauen. «Von König Friedrich Apollo und den Musen geweiht» lautete die Widmungsinschrift. Das Opernhaus stellte eine Neuerung dar, weil es sich – frei stehend – räumlich von Hof und Schloss entfernte. Friedrich ging es ausdrücklich darum, das Opernhaus für die Berliner zu öffnen. Damit wurde ein neues Verhältnis zwischen höfischer Repräsentation und bürgerlicher Öffentlichkeit geschaffen. In den 1740er Jahren ließ der König die erste katholische Kirche Berlins, die nach der Schutzpatronin Schlesiens benannte Hedwigskirche, ebenfalls nach Plänen Knobelsdorffs erbauen. Der dem Pantheon in Rom nachempfundene Bau fügte dem territorialen Anspruch auf Schlesien ein konfessionspolitisches Argument hinzu, indem er den Katholiken der Residenz einen eigenen Kultraum bot.

Dann aber wandte der König seine Aufmerksamkeit Potsdam zu. Das Schloss Sanssouci mit seinen imposanten Gartenterrassen vollendete das Rokoko auf deutschem Boden in genialer Weise. Friedrich baute mit Sanssouci eine Sommerresidenz, die an die Stelle barocker Monumentalität eine überaus anziehend wirkende Proportionalität und Leichtigkeit setzte. Der eingeschossige Bau, in dem sich die Räume zum Ausblick über Terrassen und Landschaft öffnen, verbindet die Ästhetik spätbarocker höfischer Repräsentation mit der Vorstellung persönlicher und intimer Eleganz. Vermutlich ist es dieser reizvolle Gegensatz, der Schloss Sanssouci noch heute zum Zentrum des «preußischen Arkadien» in der Berlin-Potsdamer Schlösser- und Parklandschaft macht. Im deutlichen Gegensatz zu Sanssouci, das in den Jahren 1745 bis 1748 von Knobelsdorff errichtet wurde, orientierte sich das Neue Palais, das Friedrich nach dem Siebenjährigen Krieg als einen zu Stein gewordenen Triumph plante, an den monumentalen Traditionen des Barock. Von deutlich großartigeren Dimensionen als die Sommerresidenz, stellte das Neue Palais Friedrich mit traditionellen architektonischen Stilmitteln in den Kreis der europäischen Herrscher.

Friedrichs Menschenbild konzentrierte sich in vieler Hinsicht auf die Funktion von sozialen Gruppen in seinem Staat. Damit vertrat der autokratische Herrscher des «Aufgeklärten Absolutismus», der die Macht unter dem Gebot der Vernunft in der eigenen Hand vereinen wollte, für die Gesellschaft ein traditionelles, ständisches Gliederungsprinzip. Friedrichs innere Politik richtete sich darauf, den Adel, die Bauern und die gewerbliche Stadtbevölkerung jeweils mit genau charakterisierten Aufgaben zu versehen. Die männlichen Adligen, besonders die jüngeren Söhne, sollten im Heer als Offiziere dienen. Der König drängte die bürgerlichen Offiziere zurück und verbot den Bürgerlichen den Kauf von Rittergütern. Die adligen Familien, die Friedrich mit Krediten unterstützte, sollten langfristig im Gutsbesitz gehalten werden. Dem Adelsschutz korrespondierte der Bauernschutz. Darunter verstand Friedrich freilich keine rechtlichen und wirtschaftlichen Garantien für ein auskömmliches Leben der Bauern, sondern es ging um den Schutz der bäuerlichen Stellen. Die adligen Gutsbesitzer sollten möglichst am «Bauernlegen», d. h. der Einziehung von Bauernland zum Eigenbetrieb, gehindert werden. Schließlich mussten Unternehmer wie Arbeiter in den Manufakturen Produkte herstellen, die den Bedarf Preußens deckten, um so teure Importe zu vermeiden. Man hat diese Vorstellungen als «mechanistisch» beschrieben. Der König als «erster Diener des Staats» glaubte, im rational geplanten Maschinenstaat griffen die Berufsstände wie Rädchen ineinander, um ein funktionierendes Ganzes zu bilden. In der Praxis freilich bildete sich der Staat weniger einheitlich: Die Adligen betätigten sich zwar als Gutsherren und Offiziere, wurden aber darüber hinaus im korporativen Zusammenhang, z. B. im landschaftlichen Kreditwesen, der lokalen Verwaltung als Landräte und bei den Arbeiten für ein neues Gesetzbuch aktiv. Wenn man von der zentralen Ebene der Entscheidungen beim Monarchen absieht, ist es sogar berechtigt, von einer «ständischen Renaissance» in den Formen lokaler Selbstverwaltung (Wolfgang Neugebauer) zu sprechen. Die preußische Staatsbildung in Friedrichs Regierungszeit vollzog sich räumlich durch die dominante Verankerung im östlichen Mitteleuropa und politisch durch einen autokratischen Regierungsstil. Das bedeutet aber nicht, dass die Staatsbildung einseitig «von oben» erfolgte. Der Adel und die kleinen Städte, Berlin und Königsberg, die Manufakturen und ihre Arbeiter, die Architekten und die Soldaten hatten durchaus Anteil an diesem Prozeß.

III. Von den Revolutionskriegen bis zur Revolution 1848/49

1. Der Zusammenbruch des Staates 1806 und die preußischen Reformen

Die Französische Revolution und Napoleon veränderten Preußen und Deutschland grundlegend und dauerhaft. Für Preußen brachte die Revolution vor allem den Krieg, der tausende Soldaten das Leben kostete und mit der katastrophalen Niederlage von 1806 die Existenz des Staates bedrohte. In der Wende nach 1807 und im Kampf gegen Napoleon musste sich Preußen als «deutsche Macht» und «Reformstaat» neu erfinden. Das Gelingen dieser neuen Selbstbeschreibung zeigte sich schließlich in der Reichsgründung 1870/71.

Vor 1800 endete in mancher Hinsicht eine Epoche. Das «Allgemeine Landrecht für die preußischen Staaten» von 1794, das allerdings erst nach der Jahrhundertwende seine praktische

Wirkung entfaltete, zeichnete in fast 20 000 Paragraphen das in Preußen geltende Zivil- und Strafrecht auf. Das Landrecht, das von Carl Gottlieb Svarez zusammengestellt worden war und eine präzise deutsche Rechtssprache mit gelegentlich ermüdender Kasuistik verband, weil es möglichst jeden denkbaren Rechtsfall eindeutig regeln wollte, ist von dem Historiker Heinrich von Treitschke als «janusköpfig» beschrieben worden. Einerseits erhob es den Anspruch universeller Gültigkeit, mit dem ein homogener Verband der «Einwohner» geschaffen wurde, andererseits kodifizierte es eine traditionelle, ständische Sozialordnung. Das Gebot, die Gesetze des Staates zu befolgen, galt zwar für alle, aber gelegentlich zog dieselbe Tat unterschiedliche Folgen nach sich. Beleidigungen einer adligen Person bzw. eines Angehörigen des «höheren Bürgerstandes» wurden schärfer geahndet als Beleidigungen unter einfachen Leuten, weil die Ehre der Höherstehenden als ein kostbareres Gut bewertet wurde. Insgesamt liegt die Bedeutung des Landrechts weniger in den Einzelbestimmungen, die zunächst nur subsidiär galten und im Übrigen seit der Jahrhundertwende vielfach modifiziert wurden, als in der staatsschaffenden Eigenschaft des Gesetzbuches an sich. Ohne das Vorbild des Landrechts hätte das 19. Jahrhundert in Deutschland kaum zum Jahrhundert der Kodifikation werden können.

Geistes- und kulturgeschichtlich endete das 18. Jahrhundert im Übergang zu Klassik und Romantik. Seit dem Tod Friedrichs des Großen im Jahr 1786 war die Einheitlichkeit der Aufklärung zunehmend verloren gegangen. Das Religionsedikt des Ministers Wöllner versuchte, im Hinblick auf die protestantischen Konfessionen – auch mit Hilfe der Zensur – die Grenzen des Rationalismus zu bestimmen. Der neue König Friedrich Wilhelm II., den sein Onkel Friedrich II. wenig geschätzt hatte, erhielt schon aus persönlichen Gründen das autokratische Regierungssystem mit dem kaum enden wollenden Aktenstudium nicht aufrecht. Sein Lebensstil, der durch Genussliebe und die Bindung an Mätressen und Ehefrauen gekennzeichnet war, trug zur Stärkung der Identifikation der Monarchie des großen Friedrich mit den frugalen Tugenden von Pflicht und Askese bei.

Die Nachwelt hielt nicht viel von diesem König, aber sein Beitrag zur preußischen Baukultur ist nicht gering zu veranschlagen. So erscheint es als posthumer Triumph, dass das weltweit bekannteste Symbol Berlins und Deutschlands, das Brandenburger Tor, von Friedrich Wilhelm II. in Auftrag gegeben wurde. Carl Gotthard Langhans errichtete das Tor, das mit der Quadriga von Johann Gottfried Schadow gekrönt wurde, 1789 im klassizistischen Stil. Als Schöpfung Friedrich Wilhelms II. weniger bekannt ist das Marmorpalais am Heiligen See in Potsdam, dessen Villencharakter Intimität und damit die endgültige Abwendung vom barocken Monumentalschloss ausdrückte.

Seit 1792 führte Preußen gemeinsam mit Österreich gegen die Revolution in Frankreich Krieg. Diese Konstellation war insofern bemerkenswert, als der jahrzehntelange Gegensatz zwischen Preußen und Österreich, der das Leben Friedrichs des Großen bestimmt hatte, bis zur Mitte des 19. Jahrhunderts gleichsam «stillgestellt» wurde. Der endgültige Sieg gegen Napoleon, der erst in der Schlacht von Waterloo 1815 errungen wurde, hatte eine verlustreiche Vorgeschichte. Die «Kanonade von Valmy» 1792 demonstrierte der Koalition nicht zum letzten Mal die militärische Schlagkraft der französischen «levée en masse». Seitdem stand der Unterschied zwischen einer national mobilisierten Volksarmee und einer im Regelfall von ausländischen Söldnern geprägten Kabinettsarmee auf der Tagesordnung der Militärstrategen. Als Preußen 1795 aus der Koalition ausschied und sich zur neutralen Macht erklärte, hatte es im Osten bereits massiv vom europäischen Krieg profitiert. 1793 und 1795 führten die östlichen Mächte die Zerschlagung und Aufteilung Polens zu Ende. Zwar profitierte Russland noch deutlicher von der Aufteilung, aber Preußen gewann mit Danzig, Thorn und schließlich Warschau große Gebiete hinzu, so dass die Bevölkerung auf 8,7 Millionen Einwohner anstieg. Abgesehen von den nie bewältigten Integrationsproblemen bildete dieser territoriale Gewinn eine bis in das 20. Jahrhundert wirksame Hypothek für Preußen, dem der Nachbar Russland nun sehr nahe kam. Im Jahr 1803, als der Reichsdeputationshauptschluss die traditionelle Struktur des Alten Reiches mit seinen kleinen Territorien und den zahlreichen geistlichen Fürstentümern endgültig zerstörte, profitierte Preußen wie die Mittelstaaten Baden, Württemberg und Bayern noch einmal von den napoleonischen Umwälzungen. Diesmal lagen die neu gewonnenen Gebiete im Westen: Münster, Paderborn, Herford, Essen und Werden justierten das durch das polnische Teilungsgebiet nach Osten verschobene Schwergewicht wieder neu.

Die neuen wie die alten Territorien konnten allerdings von der preußischen Armee und ihren Verbündeten nicht verteidigt werden. Vor allem Napoleons legendäre Entschlusskraft, der die Verbündeten bloß lange Entscheidungswege und Kompetenzgerangel entgegenzusetzen hatten, führte am 14. Oktober 1806 zur vernichtenden Niederlage Preußens in der Schlacht bei Jena und Auerstedt. Der Frieden von Tilsit, den Napoleon Preußen auferlegte, reduzierte das gerade erst gewachsene Preußen 1807 auf die Hälfte des Territoriums. Die Gebiete westlich der Elbe gingen sämtlich verloren, und der Staat wurde auf seine Kerngebiete Brandenburg, Pommern, Ostpreußen und Schlesien reduziert.

Trotz des Friedensschlusses ging für die preußische Bevölkerung der Krieg weiter. Vor allem in Ostpreußen prägten endlose Truppendurchzüge, Plünderungen und Requirierungen durch die nun verbündeten Franzosen das Leben der Landbewohner. Das Königspaar war Ende des Jahres 1806 nach Memel geflohen und kehrte erst 1809 nach Berlin zurück. Die Verzweiflung und die Furcht vor der völligen Zerstörung des Staates ließen König Friedrich Wilhelm III. lange zögern, sich wieder auf die Seite der Gegner Napoleons zu stellen. Königin Luise, der persönlicher Mut und ein tragisch früher Tod einen Platz im preußischen Pantheon der großen Heroen sicherten, stärkte den Durchhaltewillen von König und Bevölkerung, in der sich zunehmend Hass gegen die französischen Besatzer ausbreitete. Nach der Niederlage der Großen Armee vor Moskau 1812 beschloss der preußische General Yorck von Wartenburg, nicht länger auf den Bündniswechsel durch den König zu warten und, ermutigt durch die ostpreußischen Stände, eigenmächtig zu handeln. Am 30. Dezember schloss er mit dem russischen General Diebitsch die Konvention von Tauroggen, die das Bündnis mit Russland vorbereitete. Gegenüber dem König war die Konvention Hochverrat, gegenüber einer zunehmend patriotischen, gegen die Fremdherrschaft eingestellten «preußischen Nation» aber legitimer Vollzug ihrer Forderungen. Die preußische Nation, symbolisiert durch die Freikorps, die sich an der Bekämpfung der Franzosen beteiligten, verschmolz zum ersten Mal mit den Vorstellungen einer deutschen Nation, die an die Stelle des vergangenen Alten Reiches treten sollte. Militärisch stellte erst die Leipziger Völkerschlacht die entscheidende Wende dar. Die Schlacht vom 15. bis zum 19. Oktober 1813, an der ca. 500 000 Soldaten teilnahmen, wird von manchen Historikern für die größte Schlacht gehalten, die je in Europa und der Welt im buchstäblichen Sinn «ausgefochten» wurde. Ca. 100 000 Männer blieben tot oder verletzt auf dem riesigen Schlachtfeld zurück. Napoleons Niederlage eröffnete den Verbündeten den Weg nach Westen und zur Schlacht von Paris 1814, in der Napoleons Herrschaft endete. Bekannter ist freilich die Schlacht von Waterloo 1815, wo Napoleon nach seiner Rückkehr aus der Verbannung endgültig geschlagen und dann nach St. Helena geschickt wurde.

Die Niederlage gegen Napoleon 1806 hatte den preußischen Rumpfstaat in eine wirtschafts- und finanzpolitisch katastrophale Lage gebracht. Der französische Herrscher forderte 120 Millionen Franken an Kontributionen. Die «Preußischen Reformen», die häufig auch nach den wichtigsten Politikern Stein und Hardenberg benannt werden, antworteten also auf eine fundamentale Staats- und Gesellschaftskrise. Der aus dem Reichsadel stammende Freiherr Heinrich Friedrich Karl vom und zum Stein hatte vor 1800 in der preußischen Bergbauverwaltung Karriere gemacht. Er bekämpfte leidenschaftlich die französische Herrschaft und teilte «nationale», auf Deutschland bezogene Vorstellungen, in denen die adligen und bürgerlichen Eliten im politischen System der ständischen Welt Mitsprache erhalten sollten. Karl August von Hardenberg vertrat eher das Ethos eines Spitzenbeamten und Diplomaten, der taktisch geschickt und pragmatisch orientiert auf eine Effizienzsteigerung des Staates hinarbeitete. Die Initiative zu den Reformen wurde «von oben», von Monarchie und Bürokratie, ergriffen. Ihre Trägerschicht waren die hohen Beamten, nicht bloß Stein und Hardenberg, aber insgesamt doch nur ein kleiner Kreis von kaum mehr als 20 wichtigen Akteuren. Ziele und Motive der Reformen lagen in der Aufklärung, in Preußen vertreten durch Immanuel Kant, und seinem Menschenbild von Freiheit und Selbstbestimmung. Die wirtschaftsliberalen Vorstellungen von Adam Smith und die neu entwickelten Entwürfe einer bürgerlichen Gesellschaft gleichgestellter Individuen, in der adlige Privilegien der Vergangenheit angehören sollten, traten als Perspektiven hinzu. Außerdem muss angesichts der Kontributionsforderungen Napoleons die Finanznot des Staates als zentrales Motiv berücksichtigt werden. Die Reformen stellten insgesamt kein geschlossenes Programm dar. Eher betrachteten sie die einzelnen Bereiche der Gesellschaft und schlugen für die Organisation von Regierung und Verwaltung, das Agrarwesen und die Städte, das Militär, die Bildung und die Integration der Juden jeweils begrenzte Maßnahmen vor.

Die Agrarreformen, die in der älteren Forschung etwas pathetisch als «Bauernbefreiung» bezeichnet worden sind, sind am bedeutungsvollsten, weil Preußen um 1800 ein Agrarland war. 80% der Bevölkerung verdienten ihren Lebensunterhalt in diesem Bereich. Das «Edikt den erleichterten Besitz und den freien Gebrauch des Grundeigentums so wie die persönlichen Verhältnisse der Land-Bewohner betreffend» (Oktoberedikt 1807) beabsichtigte laut Präambel, jedem einzelnen Preußen die Möglichkeit zu geben, zukünftig aus eigener Kraft «Wohlstand» zu erlangen. Das von Theodor v. Schön konzipierte Gesetz hob die Gutsuntertänigkeit, also die Einschränkung der persönlichen Freiheit, zahlreicher Landbewohner in Ostelbien zum Martinstag 1810 auf. Damit fielen vor allem einige Abgaben, z. B. für einen Heiratskonsens, und der Gesindezwangdienst fort. Das Oktoberedikt stellte weiterhin die freie Verkäuflichkeit jedweden Grund und Bodens, also auch der Rittergüter, fest. Rittergüter konnten von nun an nicht nur von Bürgern, sondern sogar von Bauern erworben werden. Wer erwartet hatte, dass das Oktoberedikt auf massive Proteste des Adels stoßen würde, lag zunächst falsch. Viele brandenburgische Gutsherren hatten bereits die Erfahrung gemacht, dass sich das traditionelle Bewirtschaftungssystem nicht länger aufrechterhalten ließ. Einige Rittergutsbesitzer hatten die Bestimmungen des Gesetzes gar nicht abgewartet, sondern die Untertänigkeit ihrer Einwohner selbst aufgehoben. Ein Beispiel dafür ist der sehr konservative brandenburgische Adlige Friedrich August Ludwig von der Marwitz. Vor allem in Schlesien und in Brandenburg kamen 1808 bis 1811 zahlreiche Unruhen unter der Landbevölkerung vor, weil sie unter einem Gesetz, das ihr mehr Freiheit gewähren sollte, vor allem die Freiheit von den Frondiensten verstand. Der Bauer Joachim Leppin aus Garz organisierte im Jahr 1810 in einigen Dörfern die Verweigerung der Dienste, die aber durch das Militär schnell beendet wurde. Das Oktoberedikt stellte nur den Beginn der Agrarreformen dar. Insgesamt zog sich die «Entfeudalisierung», die Mobilisierung der Menschen und des Bodens, bis in die 1870er Jahre hin. Noch in die Reformzeit fiel ein wichtiges Gesetz. Im Jahr 1811 bestimmte das sog. Regulierungsedikt, dass zunächst die spannfähigen Bauern ihre Frondienste gegen Entschädigung der Gutsherren ablösen konnten. Die Entschädigung konnte entweder in Geld oder in Land geleistet werden, und da es vor der Revolution von 1848 kaum Kreditmöglichkeiten für Bauern gab, erfolgte die Ablösung häufig durch die Abtretung eines Drittels des Landes an die Gutsherrschaft. Die Rittergutsbesitzer gewannen damit entweder sehr willkommenes Land oder dringend benötigtes Kapital für den Einsatz in ihrem Betrieb hinzu. Die Bauern wiederum besaßen nach der Regulierung ihr Land als unbestrittenes privates Eigentum, über das sie im Rahmen der gesetzlichen Bestimmungen frei verfügen konnten. Die jahrhundertelange Phase eines zwischen Grundherrn und Bauern «geteilten» Eigentums war damit zu Ende.

Dem Freiherrn vom Stein waren Fragen der Regierungsorganisation und die Städte besonders wichtig gewesen. Mit dem Organisationsedikt vom November 1808 führte er ein modernes Ministerialsystem ein, das die Zuständigkeiten der Minister für einzelne Fachressorts regelte. Die Umgestaltung der politischen Spitze setzte sich mit der Reform des Staatsministeriums fort. Die Ernennung Hardenbergs zum Staatskanzler im Jahr 1810 führte praktisch das Amt des Premierministers, der den übrigen Ministern übergeordnet wurde, in Preußen ein. Andere Reorganisationsmaßnahmen umfassten die Einteilung in Provinzen und Regierungsbezirke sowie die Trennung von Administration und Justiz auf der mittleren Ebene der Staatsverwaltung. Bedeutungsvoller als die Verwaltungs- und Regierungsreformen waren aber Maßnahmen, die über die Staatsorganisation im engeren Sinn hinausgriffen. In der Städteordnung von 1808 erschienen die Städte nicht mehr als staatliche Behörden und Befehlsempfänger, sondern als eigenständige Korporationen und Räume staatsbürgerlicher Selbstverwaltung. Nicht mehr Gilden und Zünfte, sondern die Bürgerschaft sollte Träger der städtischen Ordnung sein. Die Stadtverordnetenversammlung, die von den Besitzern des Bürgerrechts, nicht von sämtlichen Einwohnern gewählt wurde, bestimmte den Magistrat jedenfalls im Prinzip, denn in vielen kleinen Städten ist das Gesetz nicht oder erst wesentlich später praktisch umgesetzt worden. In der deutschen Geschichtsschreibung des späten 19. und frühen 20. Jahrhunderts ist die Städteordnung als größte Leistung Steins bewertet und zum Gründungsdokument konstitutionellen Staatsbürgertums verklärt worden. Das scheint aus heutiger Sicht übertrieben – nicht zuletzt, weil Preußen um 1800 noch eine Agrargesellschaft gewesen ist und weil die Kommunalreform auf dem Land, die mit dem Gendarmerieedikt 1812 versucht wurde, am Widerstand des Adels scheiterte.

Die Reform der städtischen Politik und Verwaltung war inhaltlich mit einem anderen Reformprojekt eng verbunden. Hardenberg setzte im Jahr 1810 die «allgemeine Gewerbefreiheit» durch, die das traditionelle Zunftsystem noch aus einer anderen Richtung angriff. In Zukunft sollte – mit einigen Ausnahmen, z. B. für Ärzte – der Kauf eines Gewerbescheins für die Ausübung einer Tätigkeit ausreichen. Gegen die massiven Proteste von Inhabern alter Gewerbeberechtigungen, z. B. im Mühlen- und Brauereiwesen, wurde ein wirtschaftsliberales Konzept umgesetzt, das durch die Einführung von Konkurrenz den «Nationalwohlstand» dauerhaft heben sollte. In der Praxis dauerte es freilich einige Jahre, bis die Gewerbefreiheit die städtische Wirtschaft veränderte. Außerdem galten die Gewerbeedikte nur in den östlichen Provinzen, im Rheinland blieb nach 1815 das französische Recht in Kraft. Das Edikt zur Emanzipation der Juden aus dem Jahr 1812 erklärte legal in Preußen lebende Juden zu «Staatsbürgern», schaffte sämtliche Sondersteuern ab und gewährte die freie Wahl des Wohnortes. Das Gesetz verbesserte damit einerseits die rechtliche Situation der betroffenen Juden erheblich, indem es sie aus den Regularien der Kommunen löste, andererseits blieben Grenzen der Integration nicht nur für diejenigen Juden in Preußen bestehen, die nicht unter die neuen Regeln fielen. So wurde die Zulassung der Juden zu Staatsämtern (Richter, Professoren) späterer Einzelgesetzgebung überlassen. Hardenbergs in einem aufgeklärten Bewusstsein wurzelnde Bemühungen um die rechtliche Gleichstellung der Juden stießen zeitgenössisch – und in der Folge bis ins 20. Jahrhundert – auf Unverständnis und Ablehnung bei Teilen der christlichen Mehrheitsbevölkerung. Vor dem Hintergrund von Antisemitismus, Nationalsozialismus und Holocaust wirkt das Emanzipationsgesetz daher auch heute noch eindrucksvoll. In der jüdischen Bevölkerung machte die Emanzipationsgesetzgebung einen ambivalenten Eindruck. Vor allem die orthodoxen Juden fürchteten eine Zerstörung des Judentums als Kultgemeinschaft. Trotzdem entschieden sich viele Juden demonstrativ für den preußischen Staat und kämpften als Freiwillige gegen Napoleon.

Die Vorstellung eines grundlegenden Wandels von Politik und Gesellschaft in Preußen umfasste schließlich auch das Bildungssystem. Hier sollten Kräfte im Sinne einer Aktivierung geistig-intellektueller Entwicklungsmöglichkeiten mobilisiert werden. Mit dem preußischen Bildungssystem beschäftigte sich seit 1809 der Sprachforscher Wilhelm von Humboldt. Im Innenministerium war er für den «öffentlichen Unterricht» zuständig und versuchte, ein neuhumanistisches, ganzheitliches Bildungsideal für ein Unterrichtswesen zu entwickeln, das sich aus Elementarschulen, städtischen Schulen, Gymnasien und Universitäten zusammensetzte. Ein standardisiertes Prüfungssystem stellte einheitliche Leistungserwartungen an Schüler, Lehrer und an die Gymnasien. Intellektuelle Reife wurde zum wichtigsten Erziehungsziel für Knaben, die die Abiturprüfung ablegen und die Universität besuchen sollten. Um 1800 hatten in Preußen Fachschulen wie die Bauakademie oder die Militärakademie gegenüber den Universitäten an Renommee gewonnen. Die im Jahr 1810 gegründete Universität in Berlin (seit 1949 Humboldt-Universität) führte das moderne Prinzip der Einheit von Forschung und universitärer Lehre auch in Preußen ein. Die neue Universität, an der Johann Gottlieb Fichte, Friedrich Schleiermacher und Georg Wilhelm Friedrich Hegel lehrten, erhob die Hauptstadt als intellektuellen Mittelpunkt nun auch formal zum Zentrum der preußischen Beamtenausbildung.

Die Notwendigkeit von Militärreformen ergab sich nach der Niederlage von 1806 praktisch von selbst. Das Offizierskorps hatte den Ruhm der friderizianischen Zeit endgültig verspielt, und gegen das taktisch gut geführte französische Volksheer hatten die aus Söldnern und zum Militär gepressten Landeskindern zusammengesetzten Truppen keine Chance. Die Generäle Scharnhorst, Boyen und Gneisenau bemühten sich um eine Umsetzung der bereits vor 1800 entworfenen Reformpläne. Die «Militärreorganisationskommission» entfernte letztlich 1807 knapp die Hälfte der Offiziere aus der Armee, öffnete das Offizierskorps für Bürgerliche, indem der «bisher stattgehabte Vorzug des Standes» aufhörte, und verzichtete auf die bislang üblichen drakonischen Strafen. Im Jahr 1813/14 wurde dann die allgemeine Wehrpflicht eingeführt. Neben das stehende Heer trat als Miliz die Landwehr, welche die gesamte männliche Bevölkerung bis zum 40. Lebensjahr umfasste. In den Befreiungskriegen wirkte sich zudem die patriotisch-nationale Begeisterung aus, die das neue «Volksheer» und große Teile der preußischen Bevölkerung im antifranzösischen Sinn mobilisierte.

In mancher Hinsicht ist es berechtigt, die Reformpolitik vornehmlich nach dem Gesichtspunkt der gesamtstaatlichen Verfassungspolitik zu beurteilen. Im Februar 1811 rief Hardenberg in Preußen Notabeln zusammen, um die politische und finanzielle Staatskrise zu besprechen. Hardenberg erwartete «tüchtige Männer aus den verschiedenen Ständen und Behörden». Die Regierungspräsidenten empfahlen «einsichtsvolle Männer aus der ganzen Monarchie». Solche Kriterien verhinderten in Preußen indes nicht, dass der Adel in dieser Versammlung weit überwog. Aber das leitende Prinzip für die Auswahl war eben gerade kein ständisches: Gegen das in der ständischen Gesellschaft bestimmende «harte» Kriterium der Geburt setzte das Notabelnprinzip auf flexiblere Eigenschaften. Aus ökonomischer Leistungsfähigkeit und Bildung wurde auf eine sittlich-moralische Qualität geschlossen. «Einsicht» bedeutete in der Sichtweise Hardenbergs die Fähigkeit und den Willen, Partikularinteressen abzustreifen und sich der Gemeinwohlinterpretation der preußischen Reformbürokratie anzuschließen. Die Versammlung in Berlin setzte sich aus 30 adligen «Gutsbesitzern» (darunter wichtige Adelsvertreter wie Friedrich Wilhelm v. Prittwitz auf Quilitz und Albrecht Wilhelm v. Pannwitz) sowie 34 Vertretern von Regierungen, Bürgern und Bauern zusammen. Der Adel war als «Gutsbesitzer» benannt und damit demonstrativ seiner ständischen Qualität entkleidet. Hardenberg selbst hatte die Auswahl der Gutsbesitzer getroffen. Die großen Städte Berlin, Breslau, Königsberg und Stettin sandten je einen Vertreter. Bürger und Bauern wurden durch Beamte der Regierungen und Gemeinden vertreten. Dabei schien die Bedeutung der Versammlung von vornherein begrenzt. Sie tagte nur interimistisch, als «Übergangsinstitution», und ihre Kompetenzen richteten sich bloß auf die Kommentierung der Verwaltungsentwürfe zum Finanz- und Steuersystem. Hardenberg nahm schließlich enttäuscht zur Kenntnis, dass sich die Konstitutionalisierung Preußens unter dem Primat des Staates auf diesem Wege nicht vorantreiben ließ.

Eine Bilanz der Preußischen Reformen zu ziehen, bleibt schwierig. Zwischen programmatischen Erklärungen, vor allem in den Denkschriften Steins und Hardenbergs, und der politischen Umsetzung ergaben sich große Unterschiede. Manche Reformprojekte, wie die Abschaffung der Patrimonialgerichtsbarkeit, scheiterten gänzlich. Die Unterordnung der gutsherrschaftlichen Gerichte unter die staatliche Justizhoheit musste im Vormärz durch Verordnungen «nachgeholt» werden. Stein wurde vor allem in der deutschen Geschichtsschreibung des späten 19. und frühen 20. Jahrhunderts zum «Star», weil sein leidenschaftlich strenger Charakter und sein Interesse an der deutschen Nation, das er auch gegenüber Napoleon vertrat, gemeinsam mit seinem Wirken für das Bürgertum der Städte als vorbildlich empfunden wurde. Hardenberg dagegen besaß einige persönliche Eigenschaften, die das sittenstrenge Bürgertum rundweg ablehnte. Er lebte häufig über seine Verhältnisse und machte entsprechende Schulden. Er galt als «Frauenheld», was er unter Beweis stellte, indem er eine ehemalige Schauspielerin heiratete. Während Stein als der mutige Kämpfer im Befreiungskampf gegen Napoleon verstanden wurde, galt Hardenberg als politischer Intrigant, der letztlich nur den preußischen Staat auf Kosten der alten wie neuen Eliten aus Adel und Bürgertum stärken wollte. Heute fällt das Urteil über die gesellschaftlichen Folgen der Reformgesetzgebung ambivalent aus. Wer wie Stein der Korporation als gesellschaftlichem Ordnungsprinzip die Priorität gab, verhinderte einen Zugewinn an politischer Partizipation für breitere Schichten und verfestigte die Herrschaft traditioneller Eliten. Hardenbergs Staatsverständnis wiederum hat den preußischen monarchischen Bürokratismus zwar nicht erfunden, ihn aber jedenfalls auch nicht entscheidend geschwächt.

Geistes- und mentalitätsgeschichtlich stellten die Jahre um 1800 für Preußen eine herausragende Zeit dar. Berlin hatte nun beinahe 200 000 Einwohner, und seine Entwicklung zum intellektuellen Zentrum lässt es berechtigt erscheinen, erstmals von einer Metropole zu sprechen. Der Unterschied zwischen der Residenz und den übrigen preußischen Städten hatte sich vergrößert, aber das bedeutete keineswegs eine kulturelle Dominanz Berlins in Deutschland. Gemeinsam mit Jena spielte Berlin eine besondere Rolle im Übergang von Aufklärung und Klassik zur Romantik. Die Romantik war kein preußisches, sondern in erster Linie ein europäisches Phänomen. Auch in Großbritannien und Frankreich bemühte man sich, die Sehnsucht nach der «blauen Blume» (Novalis) in einem poetischen Streben nach

Ganzheit umzusetzen. In Berlin zeigte sich die Frühe Romantik vor allem in den jüdischen Salons der 1790er Jahre, in denen Standesschranken verflüssigt wurden und Frauen eine wichtige Funktion erfüllen konnten. Rahel Levin-Varnhagen verkörperte mit dem von ihr gelebten Freundschafts- und Briefkult wichtige Elemente dieser auf das Gefühl und die Kommunikation gerichteten Innerlichkeit. Friedrich Schlegels Roman «Lucinde» aus dem Jahr 1798 handelte auf unerhörte Weise von der gefühlsbetonten Beziehung des liebenden Paares, in dem auch die Frau aktiv werden konnte. Rahel und andere preußische Frauen stellten ihre Bereitschaft zu öffentlichem Engagement noch anders unter Beweis: In den Befreiungskriegen wirkten sie in der Verwundetenversorgung so prominent mit, dass der König neben das Eiserne Kreuz, das den Kriegseinsatz der Männer belohnte, den Luisenorden für Frauen stellte.

Die Kreise der Romantiker in Berlin bestanden nur wenige Jahre. Die hier gelebte Freizügigkeit im Denken und Handeln profitierte von der allgemeinen Unsicherheit der Kriegsjahrzehnte. Für einige gebildete jüdische Frauen wie Rahel Varnhagen, Henriette Herz oder Dorothea Mendelssohn-Schlegel wurde das Projekt bürgerlicher Gleichstellung in der Salongeselligkeit Wirklichkeit, bevor die «nationale Erhebung» gegen Napoleon erneut zu «christlicher» Abschließung gegenüber den Juden führte. Als besondere Verkörperung preußischer Dichtung dieser Jahre gilt Heinrich von Kleist. Mit der romantisch verklärten Königin Luise hat er den frühen Tod – in seinem Fall freiwillig – gemeinsam. Als romantischer Dichter kann er nur bedingt gelten, zu verstörend scheint die Sprache der Dramen, die – außer dem «Zerbrochenen Krug» – bis zu seinem Tod 1811 nicht aufgeführt wurden. Heinrich von Kleist stammte aus pommerschem Militäradel, und bis zum Ende des Ersten Weltkrieges fielen dutzende Männer der Familie in den Kriegen Preußens. Er selbst schlug ebenfalls die militärische Laufbahn ein, geriet aber schnell in Distanz zum Offiziersdasein. Aber auch das Leben als Dramatiker und Erzähler konnte die Fundamentalerfahrung emotionaler und intellektueller Enttäuschung nicht ausgleichen. Kleists Werke zeugen von der emotionalen Intensität der Ablehnung der französischen Herrschaft («Die Hermannsschlacht») oder der Ambivalenz militärischer Gehorsamserwartung. Im «Prinz von Homburg» (1811) entfaltete Kleist eine Anekdote der Schlacht bei Fehrbellin 1675, in der es um einen zwar unerlaubten, aber erfolgreichen Angriff eines Offiziers im Heer des Großen Kurfürsten ging. Beinahe schien es, als hätte Kleist die Gewissenskonflikte General Yorcks von Wartenburg bei Tauroggen bereits erahnt. Das Dilemma zwischen der Handlungserwartung unbedingten Gehorsams und der eigenen Erkenntnis war allerdings ein grundsätzliches und nicht auf das Militär beschränkt.

2. Die Verfassungskrise des Vormärz und die Revolution 1848/49

Der militärische Triumph, den Preußen in den Schlachten gegen Napoleon errungen hatte, schützte nicht vor politischen und diplomatischen Enttäuschungen. Der Wiener Kongress, der 1814/15 tagte, um Napoleons Erbe zu verteilen, verlief für die kleinste europäische Großmacht keineswegs nach Wunsch. Hardenberg, der König und die preußischen Eliten forderten vor allem die Annektierung Sachsens, eine Arrondierung im östlichen Teil des vergangenen Alten Reiches mithin, die gut zu den polnischen Gebieten passte. Russland, dessen imperiale Bestrebungen unübersehbar geworden waren, votierte gegen die preußischen Ziele. Preußen verlor Ostfriesland und Gebiete in Polen, dafür erhielt es einen Teil Sachsens, das im Übrigen als Staat erhalten blieb. Der territoriale Zuwachs konzentrierte sich aber im Westen, wo alter preußischer Besitz und Neuerwerbungen zu den Provinzen Rheinland und Westfalen zusammengefasst wurden.

Diese Westausdehnung, mit der die europäischen Mächte Preußen mit dem Wächteramt gegenüber Frankreich beauftragten, schloss wiederum an die Territorialpolitik des Großen Kurfürsten an. Das neue Preußen mit seiner Bevölkerung von mehr als zehn Millionen Menschen wurde im beginnenden Zeitalter der Nationalstaaten zur deutschen Macht, während das habsburgische Österreich mit seinen italienischen Neuerwerbungen seine Identität als Vielvölkerstaat stärkte. Preußen dominierte Norddeutschland, und die Teilung des Staats in zwei Gebiete forderte weitere Arrondierungen geradezu heraus. Unvermeidlich wurde das Staatsgebilde heterogener. Besonders in der Rheinprovinz, wo ein selbstbewusstes Bürgertum von der napoleonischen Politik vielfach profitiert hatte, erwartete man von der preußischen Herrschaft wenig Gutes. Hinzu trat der konfessionelle Gegensatz: Nicht nur in der alten Reichsstadt Köln, auch in der katholischen westfälischen Provinz und im katholischen Polen hegte man Aversionen gegen den protestantischen Staat. Nach 1815 hielt Preußen in den polnischen Gebieten zunächst an einer Toleranzpolitik fest, die Schulen und Amtspersonen die Beibehaltung der polnischen Sprache erlaubt hatte. Die Entwicklung einer polnischen Nationalbewegung im Zusammenhang mit dem polnischen Aufstand 1830, der vor allem Russisch-Polen ergriffen hatte, führte aber zum Beginn einer Germanisierungspolitik, die sich nicht zuletzt gegen den nationalbewussten polnischen Adel richtete. Schließlich fielen auch wirtschaftliche Gegensätze ins Auge. Während am Rhein und in Westfalen die Industrialisierung in der Textil- und Eisenindustrie eingesetzt hatte, blieben die östlichen Provinzen mit Ausnahme Schlesiens agrarisch dominiert. Wirtschaftspolitische Differenzen, aber auch große mentale Unterschiede waren die Folge.

Das 19. Jahrhundert ist von der deutschen Geschichtswissenschaft nicht bloß als bürgerliches, sondern auch als konstitutionelles Zeitalter beschrieben worden. In den süd- und mitteldeutschen Staaten des «Deutschen Bundes» setzte nach 1815 eine Konstitutionswelle ein, die in jeweils unterschiedlicher Weise Parlamente und damit Partizipationsrechte zumindest für die Eliten in einer geschriebenen Verfassung festlegte. Ausgerechnet die beiden deutschen Mächte Preußen und Österreich wurden nicht von dieser Welle erfasst. Die Verfassungsversprechen des Königs Friedrich Wilhelm III. und des Staatskanzlers Hardenberg blieben bis zur Revolution unerfüllt. Als Ersatz wurden 1823 Provinzialstände eingeführt. Die Provinzialstände stellten ständische Vertretungen für die einzelnen Provinzen dar, in denen der Adel überwog und die Kompetenzen eher auf die Beratung des Monarchen zielten als auf Entscheidungsbefugnisse in der Gesetzgebung. Zwar gewannen die Provinziallandtage nach der Julirevolution 1830 an Selbstbewusstsein und Bedeutung in der Öffentlichkeit. Besonders in den Flügelprovinzen Rheinland und (Ost-)Preußen meldete sich ein preußischer Liberalismus zu Wort, der sich mit dem bürokratisch-absolutistischen Herrschaftssystem nicht länger abfinden wollte und die Verfassungsforderungen erneuerte. Trotzdem herrschte ein Politikstil vor, der die Abgeordneten zur Diskussion einzelner königlicher Gesetzesvorschläge und zum Vortrag von Petitionen der Bevölkerung zu den unterschiedlichsten Angelegenheiten – von den Modalitäten der Mahl- und Schlachtsteuer bis zur «Tieferhaltung des Fahrwassers der Häfen zu Colberg, Stolp und Rügenwalde durch Anschaffung eines Dampfbaggers» – zwang. Ein parlamentarisches Selbst-Bewusstsein konnte sich daher kaum entwickeln. Erst 1847, als die wirtschaftliche Entwicklung und die Notwendigkeit einer Finanzierung des Eisenbahnbaus dringlich wurden, entschloss sich Friedrich Wilhelm IV. zur Einberufung eines Vereinigten Landtages. Schon die Zusammensetzung aus adligen Mitgliedern einer Herrenkurie und den Landtagsabgeordneten deutete die Schwierigkeiten an, und es kann daher kaum verwundern, dass dieser Landtag scheiterte. Preußens Verfassungsprobleme ließen sich erst in und mit der Revolution lösen.

Nicht nur die Entmachtung Hardenbergs 1820 und sein Tod 1822, der das Ende der Reformzeit markierte, und das Scheitern der Verfassungspolitik machten die Jahrzehnte zwischen Wiener Kongress und Märzrevolution zu einer Phase der Restauration. Unter dem Einfluss des österreichischen Staatskanzlers Metternich erließ der «Deutsche Bund» mit den Karlsbader Beschlüssen 1819 ein Gesetzespaket, das nationale und liberale Bestrebungen auch in Preußen eindämmen sollte. Die Presse wurde zensiert und kontrolliert, Universitäten beobachtet und verdächtige Hochschullehrer wie der in der Nationalbewegung bedeutende Ernst Moritz Arndt in Bonn von seinem Lehrstuhl entfernt. Während der preußische Staat die Entstehung einer preußischen Öffentlichkeit durch eine spaltende Verfassungspolitik und restriktive Zensur zu verhindern suchte, griff die Wirtschaftspolitik über Preußen hinaus. Auch wenn der Gründung des Zollvereins 1834 in der aktuellen Forschung weniger Bedeutung für die Förderung der Industrialisierung beigemessen wird, als das früher der Fall war, wurden im Zollverein in der Mitte des Jahrhunderts die Konturen eines preußisch dominierten Deutschland ohne Österreich erkennbar.

Obwohl die territorialen Zugewinne Preußens nach 1815 eigentlich das heikle Verhältnis zwischen Protestanten und Katholiken auf die politische Tagesordnung gesetzt hatten, befasste sich die Monarchie zunächst mit einer Grundsatzfrage des protestantischen Staates. Friedrich Wilhelm III. bemühte sich mit der preußischen Union 1817, die Vereinigung von Lutheranern und Reformierten herbeizuführen. Er hatte selbst die schmerzliche Erfahrung gemacht, nicht gemeinsam mit seiner lutherischen Ehefrau Luise das Abendmahl nehmen zu können. Die Toleranzpolitik der preußischen Könige des 18. Jahrhunderts fand hier ihre spezifische Fortsetzung. Es ist nicht einfach, den Erfolg der Union zu beurteilen. Einerseits gab es zunächst kaum Widerstand, andererseits ließ sich an dem Aufblühen der Erweckungsbewegung z. B. in Pommern erkennen, wie wenig die protestantische Erneuerung als eine institutionelle Reform gedacht wurde. Eine auf das Innere gerichtete Frömmigkeitspraxis, die die Kirche in den Hintergrund rückte, hatte manches gemeinsam mit den Vorstellungen der Romantik, der es ebenfalls um eine Intensivierung des inneren Gefühlslebens ging. Und auch auf Seiten der lutherischen Orthodoxie blieben Vorbehalte lebendig. Romantische Bestrebungen drückten sich auch in der Repräsentationsarchitektur aus. Friedrich Wilhelm III. und sein Nachfolger schufen in Potsdam ein Gesamtkunstwerk, das eigene Lebens- und Wohnbedürfnisse in Schlössern erfüllte, die nicht im Zentrum der Residenzstädte die königliche Macht zelebrierten, sondern sich in die Seen- und Parklandschaft einpassten. Die Pfaueninsel, Charlottenhof, Glienicke und Schloss Babelsberg, das in den 1830er und 1840er Jahren als romantisches Burgschloss von Karl Friedrich Schinkel entworfen worden ist, zeugten vom Sieg des Historismus in der preußischen Schlossbaukunst. Tudorschlösser, die «gotische» Meierei auf der Pfaueninsel, italienische Villen und englische Landhäuser fügten sich in der Parklandschaft zu einem ästhetisch herausragenden Ensemble, das Poesie und Gefühl statt der Machtdemonstration des Staates betonte. Die königlichen Gartenanlagen in Potsdam, die Friedrich II. im Rokokogeschmack hatte anlegen lassen, wurden von Peter Joseph Lenné umgestaltet. Lenné wirkte in Potsdam wie im Berliner Tiergarten, den er zu einem Volksgarten weiterentwickelte, eher als Landschaftsplaner denn als Gartengestalter. Die von ihm angelegten Wegschleifen im Park von Sanssouci setzten neue Akzente, und die gestaltete Landschaft mit Baumgruppen und offenen Schneisen ermöglichte immer wieder ungewohnte Durchblicke auf die Gebäude im Park.

Im Gegensatz zur älteren Forschung, die lange Zeit angenommen hat, dass die Agrar- und Gewerbereformen neben der neuen kapitalistischen Produktionsweise in Fabriken die wichtigste Ursache für das wirtschaftliche und soziale Elend der Unterschichten gewesen sind, geht man heute eher davon aus, dass die vorindustrielle Ökonomie nicht in der Lage war, angesichts des großen Bevölkerungswachstums genügend Erwerbsmöglichkeiten zur Verfügung zu stellen. Unterbeschäftigung auf dem Land und in der Stadt wurde zur wichtigsten Ursache des Pauperismus, wie man die Massenarmut nun nannte. Niedrige Löhne und steigende Preise vor allem für Grundnahrungsmittel verschärften die Situation. Die Gewerbekrise betraf Handwerksmeister und Gesellen, so dass 1830 nicht einmal ein Drittel der Berliner Tischler genügend verdiente, um Gewerbesteuer zu zahlen. Jeder vierte Berliner erhielt 1830 Armenunterstützung, und in anderen preußischen Städten sah es nicht besser aus.

Die agrarische Grundlage der Wirtschaft führte überdies bei den regelmäßig vorkommenden Missernten zu Hungerkrisen, die freilich nicht jedes Mal so katastrophal ausfielen wie im Irland der 1840er und 1850er Jahre, als dort die Bevölkerung nach Ausbruch der Kartoffelkrankheit durch Tod und Auswanderung drastisch zurückging. Kartoffeln, die seit den 1780er Jahren in Preußen angebaut wurden, hatten das Brot als Grundnahrungsmittel zumindest bei den ärmsten Gruppen der Bevölkerung ersetzt. Ländliche Tagelöhner und Kleinstellenbesitzer, Handwerksgesellen, aber auch Spinner und Weber gehörten im Vormärz beinahe überall zu diesen ärmsten Gruppen. Textilprodukte galten gegenüber den britischen und belgischen Stoffen vielfach als nicht konkurrenzfähig. In Schlesien explodierte die Situation 1844 im «Weberaufstand», als heimarbeitende Spinner und Weber die Häuser der Fabrikanten verwüsteten, bis das Militär eingriff. Heinrich Heine hat in seinem im selben Jahr entstandenen Gedicht der Verzweiflung der schlesischen Weber eine Stimme gegeben: «Im düstern Auge keine Träne, / Sie sitzen am Webstuhl und fletschen die Zähne: / Deutschland, wir weben dein Leichentuch, / Wir weben hinein den dreifachen Fluch – / Wir weben, wir weben.» Elend und Unruhen riefen Gesellschafts- und Staatskritik hervor, wie sie Heine in dem Gedicht «Deutschland. Ein Wintermärchen» mit Schärfe zum Ausdruck brachte. Die sozialen Missstände erregten politische Besorgnis bei den Besitzbürgern, erzeugten aber auch wissenschaftliches und gesellschaftliches Engagement gegen die Armut. Bettina von Arnim, die als Briefpartnerin Goethes in den 1830er Jahren berühmt geworden war, richtete mit ihrem Werk «Dies Buch gehört dem König» einen leidenschaftlichen Reform- und Hilfsappell an die preußische Monarchie.

Die Beseitigung des Massenelends, das mit zu den Ursachen der Revolution von 1848/49 zählt, ist nicht den staatlichen Reformbemühungen oder bürgerlicher Philanthropie zu verdanken, obwohl beides wichtig war. Letztlich sorgte die industrielle Entwicklung für Erwerbsmöglichkeiten und die Linderung der Not. Der preußische Staat begann, z. B. mit dem Regulativ zur Kinderarbeit 1839, das die Fabrikarbeit von Kindern unter neun Jahren verbot und die tägliche Arbeitszeit der Älteren auf zehn Stunden beschränkte, die katastrophalen frühindustriellen Arbeitsverhältnisse zu beeinflussen, wenn auch die Umsetzung lange Zeit in Anspruch nahm. In den Städten gründeten die Bürger und Bürgerinnen Vereine, die sich nicht bloß eigener Geselligkeit, sondern im Sinne bürgerlicher Wertvorstellungen dem Armenwesen widmeten. Der Kölner katholische Frauenverein von 1814, dem Frauen aus dem städtischen Bürgertum angehörten, gründete z. B. Armenschulen für Mädchen, um «Müßiggang» zu verhüten, aber auch, um Dienstmädchen auszubilden. Die gesellschaftliche Krise im Deutschland der 1840er Jahre, in der Agrar- und Gewerbekrisen mit dem Bevölkerungswachstum zusammentrafen, wirkte sich in Preußen, das einerseits ohne geschriebene Verfassung und Parlament unter der Herrschaft des «Romantikers auf dem Thron», König Friedrich Wilhelm IV., stand, andererseits aber als wirtschaftlich dominierender Staat über eine große Dynamik verfügte, besonders stark aus. Bereits im Vorfeld der Revolution, in der Forderung nach Einheit und Freiheit, und nicht erst mit der vollzogenen Reichsgründung 1871, gingen preußische und deutsche Geschichte eine enge Verbindung ein, die sich bis zum Ende des Zweiten Weltkrieges nicht mehr löste.

Die Revolution 1848/49 begreift man am besten als ein europäisches Ereignis. Von Frankreich ausgehend, breitete sie sich – nicht zuletzt durch die Eisenbahn und die ersten Telegraphenlinien – in den Märztagen des Jahres 1848 nach Osten aus. Die Ursachen waren komplex. Im Gebiet des Deutschen Bundes entfaltete die Nationalbewegung ihre Forderung nach Einheit, in Preußen spielte besonders die gescheiterte Verfassungspolitik eine Rolle, mit der die liberalen Bildungs- und Besitzbürger nicht zufrieden gestellt werden konnten. Überall aber machten sich die strukturellen Agrar- und Gewerbekrisen, die 1847 nochmals mit einer Missernte zusammenfielen, deutlich bemerkbar. Das Revolutionsgeschehen wurde vielfach von den Städten geprägt. In Europa ragten Paris, München, Dresden, Wien, Prag und Budapest heraus, in Preußen reichte das Spektrum von Berlin, Köln und Düsseldorf über Elberfeld im Bergischen Land, das sauerländische Iserlohn bis hin zu den lausitzischen Gemeinden Calau und Lübbenau. Auf dem Land, vor allem in Brandenburg und Pommern, blieb es dagegen häufig ruhig. Eine Ausnahme stellte Schlesien dar. Die Unruhen dort standen in Zusammenhang mit dem sozialen Elend des ländlichen Textilgewerbes, aber auch mit den noch wenig vorangeschrittenen Agrarreformen. Feudale Abgaben, die in anderen Gebieten

Preußens bereits abgelöst waren, belasteten die Landbevölkerung stark. Im Sommer 1848 traten ca. 200 000 Menschen den schlesischen «Rustikalvereinen» bei, die Reformen der Gemeindeverfassung und die Abschaffung von Abgaben forderten.

Berlin wurde zum wichtigsten Ereignisort in Preußen: Spätestens jetzt war die Entwicklung von der Residenz zur Hauptstadt für jedermann sichtbar. Die Revolution begann mit einer gewaltsamen Konfrontation zwischen dem Staat und den städtischen Unterschichten, Handwerksgesellen vor allem. Am 18. und 19. März 1848 wurden in der Stadt Barrikaden errichtet, und bei den Kämpfen wurden ca. 250 Personen, Arbeiter und Gesellen, aber auch einige Juden und Frauen, getötet. In wenigen Wochen verhärteten sich die Fronten zwischen dem König, Teilen der Bürokratie und dem Militär auf der einen, dem liberalen und demokratischen Bürgertum auf der anderen Seite. Zunächst aber lenkte Friedrich Wilhelm IV. ein. Er gestand die Märzforderungen – Einberufung des Landtags, Ministerverantwortlichkeit, Presse- und Versammlungsfreiheit, Schwurgerichte, Volksbewaffnung – zu. Eine liberale Märzregierung unter Leitung der rheinischen Unternehmer Ludolf Camphausen und David Hansemann wurde eingesetzt. Der König zog die Truppen aus Berlin zurück und ließ Wahlen zu einer verfassungsgebenden Nationalversammlung ausschreiben.

Seit April 1848 konnte die Revolution in Preußen kaum getrennt von der nationalen Handlungsebene betrachtet werden. In Frankfurt tagte die deutsche Nationalversammlung in der Paulskirche, um der Nation eine gemeinsame Verfassung zu geben und den Weg zu staatlicher Einheit zu suchen. Hier trennten sich die Wege der deutschen Mächte Preußen und Österreich. Eine großdeutsche Lösung schied für den Vielvölkerstaat letztlich aus, Preußen aber stieg aufgrund seiner Größe und seiner militärischen Macht zum entscheidenden Akteur auf. Die Spannung, die zwischen der Zentralgewalt, seit dem 28. Juni in der Gestalt des Reichsverwesers, und dem preußischen König und seinen Regierungen bestand, behinderte die Etablierung der Revolution und machte den Weg für eine Renaissance der konservativen Regierungen frei. In Berlin, das Mitte der 1840er Jahre

400 000 Einwohner hatte, bestimmten im Sommer 1848 Volksversammlungen, politische Clubs und frühe Parteien das Bild der Revolution in der Öffentlichkeit. Die preußische Nationalversammlung, die im Mai 1848 zusammentrat, wurde von liberalen und demokratischen Abgeordneten dominiert und war damit deutlich «linker» als ihr Frankfurter Pendant. Im Sommer 1848 legte der Verfassungsausschuss mit der «Charte Waldeck» einen Verfassungsentwurf vor, der für den Monarchen bloß ein suspensives (aufschiebendes) Vetorecht vorsah und seine Macht damit deutlich begrenzte. Besonders charakteristisch und für die Revolution entscheidend wurde die Spaltung zwischen dem konstitutionellen Liberalismus auf der einen und den Demokraten auf der anderen Seite. Unter diesen Umständen musste das Lager der Konservativen immer weniger Anlass zur Resignation sehen. Das Heer blieb in der Hand des Königs. Camphausen und Hansemann traten zurück. Es schlossen sich bis zum Dezember 1848 immer konservativere Regierungen an. Spätestens im November 1848 wurde deutlich, dass die Revolution in Preußen auf verlorenem Posten stand. Die Nationalversammlung wurde nach Brandenburg vertrieben, der Belagerungszustand verhängt, und die Truppen General Wrangels kehrten in die Hauptstadt zurück. Im Dezember 1848 wurde eine Verfassung oktroyiert, die allerdings an liberale Entwürfe anschloss und ein allgemeines Männerwahlrecht versprach. Wie sich zeigen sollte, war der Weg Preußens in den Verfassungsstaat auch in der Reaktion unumkehrbar.

In der Revolution behaupteten sich viele Nebenzentren. In Köln gab Karl Marx die «Neue Rheinische Zeitung» heraus, in der er die Entwicklung der preußischen Politik erbittert kommentierte, bis er 1849 emigrieren musste. In Königsberg kursierte im April 1848 ein Flugblatt, das sich für die Freiheit Polens einsetzte. In den kleinen Städten Preußisch-Litauens wurden demokratische Clubs gegründet. Überhaupt lässt sich die Politisierung breiter Bevölkerungsgruppen als eine der wichtigsten Wirkungen der Revolution bezeichnen. So engagierten sich Frauen in den demokratischen und konservativen Clubs, auch wenn dezidierte Forderungen zur Frauenemanzipation oder engagierte Protagonistinnen wie die Kölner Verlegerin Mathilde Franziska Anneke Einzelerscheinungen blieben. Juden, z. B. der Königsberger Arzt Johann Jacoby als Vizepräsident der Preußischen Nationalversammlung oder Ferdinand Lassalle bei den Demokraten in Düsseldorf, traten in den politischen Vereinigungen hervor. Die Revolution war einerseits durch antijüdische Ausschreitungen in vormärzlicher Tradition gekennzeichnet, andererseits aber auch ein Schritt zur rechtlichen Gleichstellung der Juden. Die Verfassungen der Revolution stellten Gleichberechtigung der Juden her, allerdings nahm die revidierte preußische Verfassung von 1850 solche Fortschritte teilweise wieder zurück, indem für die Bekleidung von Staatsämtern wieder das Bekenntnis zur christlichen Religion gefordert wurde.

Gegen den Bodengewinn der alten Regierungen und der Restauration setzten die Revolutionsanhänger die Gründung des Zentralmärzvereins im November 1848. In sämtlichen deutschen Staaten, besonders auch in Preußen, versammelten sich Bürger zur Verteidigung der Märzerrungenschaften. Der Verein stellte die bis dahin größte Massenbewegung in Deutschland dar. Die Revolution begründete aber nicht bloß die frühe Parteibildung der Liberalen und Demokraten, sondern auch der Katholiken und der Konservativen. Der Katholizismus sammelte sich in Pius-Vereinen, um die im Vormärz staatlicherseits angegriffenen Interessen der Kirche zu vertreten. Die Konservativen gründeten «patriotische» oder «Preußen-Vereine» sowie eine Zeitung, die sog. «Kreuzzeitung», die zum wichtigsten Organ des preußischen Konservatismus in der zweiten Jahrhunderthälfte wurde. Um den König scharte sich ein Kreis von Beratern ohne Staatsämter, die «Kamarilla» mit den Gebrüdern Gerlach an der Spitze, die mit den Interessenvertretern des Landadels, die sich im Sommer 1848 im «Junkerparlament» getroffen hatten, zusammenarbeitete. Preußens überragende Rolle in der Entscheidung über das Gelingen der Revolution wurde im April 1849 offensichtlich. Die Deutsche Nationalversammlung bot dem preußischen König die Kaiserkrone an. Friedrich Wilhelm IV., der im Vormärz häufig seine Anhänglichkeit an das Alte Reich bekundet hatte, lehnte aber das Angebot ab. Nur die deutschen Fürsten, so machte er deutlich, könnten die Kaiserkrone neu vergeben. In einem Brief an seinen Vertrauten Bunsen erklärte der König drastisch, eine Krone von «Dreck und Letten» (Lehm), also ein Kaisertum auf der Grundlage der Volkssouveränität, komme keinesfalls in Frage. Friedrich Wilhelms Entscheidung dokumentierte, dass sich das Kräfteverhältnis im Frühjahr 1849 sehr zugunsten der alten Autoritäten, der Fürsten, der Bürokratie und des Militärs entwickelt hatte.

Die Nationalbewegung machte an den Grenzen des deutschen Sprachgebietes nicht Halt, zumal sich diese Grenzen keineswegs eindeutig bestimmen ließen. Für Preußen standen dabei vor allem die Grenzen im Norden und Osten, zu Dänemark und in Polen in Frage. Gehörte die Wiederherstellung eines unabhängigen Polens im Vormärz zum liberalen und demokratischen Forderungskatalog, zeigte sich in der Frankfurter Nationalversammlung immer deutlicher das Übergewicht derjenigen, die auch die polnischen Bewohner der Provinz Posen der Herrschaft des zu gründenden Reiches unterwerfen wollten. Die Niederschlagung des Aufstands in Posen im Mai 1848 durch die preußischen Truppen fand selbstverständliche Unterstützung. Noch größer war die Begeisterung der deutschen Öffentlichkeit in der Frage der Zurückweisung der dänischen Ansprüche auf die Herzogtümer Schleswig und Holstein, in denen seit Revolutionsbeginn eine provisorische Landesregierung amtierte. Durch die Sanktionierung der Deutschen Nationalversammlung wurde die militärische Aktion Preußens gegen die Annexionsbestrebungen Dänemarks zum Deutschen Krieg. Der Waffenstillstand von Malmö, den Preußen angesichts der ablehnenden Haltung Großbritanniens und Russlands im August 1848 schloss, traf in der Nationalversammlung wie in der deutschen Öffentlichkeit auf Enttäuschung und Ablehnung. Obwohl die Nationalversammlung den Waffenstillstand letztlich akzeptierte, blieb der Konflikt zwischen zwei Reichskonzepten auf der Tagesordnung. Auf der einen Seite stand die auf dem Selbstbestimmungsrecht der Völker beruhende Demokratie, auf der anderen ein Machtstaat, der sich gerade an den Grenzen aggressiv behaupten wollte.

Von April bis Juli 1849 versuchten die Anhänger der Revolution in der Reichsverfassungskampagne, das Staatsmodell der Paulskirche durchzusetzen. Zwar erkannten viele kleine und mittlere deutsche Staaten die Reichsverfassung an, aber die Regierungen Preußens, Württembergs, Sachsens und Bayerns lehnten ab. In Preußen erkannte die im Februar 1849 zusammengetretene Zweite Kammer zwar die Verfassung an, worauf der König die Versammlung auflöste. Preußen blieb es schließlich vorbehalten, die Revolution in Deutschland zu beenden. Vor allem preußische Truppen schlugen das letzte Lebenszeichen, den republikanischen Aufstand in Baden im Mai und Juni 1849, mit Gewalt nieder. In der Festung Rastatt, die von zur Revolution übergelaufenen Truppen besetzt war, wurden ca. 6000 Revolutionsanhänger aus ganz Deutschland durch die «Reichstruppen» zur Kapitulation gezwungen. In den sich anschließenden standgerichtlichen Verfahren und Hochverratsprozessen ergingen 1000 Urteile, darunter Todesurteile und meist langjährige Haftstrafen. Tausende Demokraten flohen ins Ausland, in die Schweiz, nach Großbritannien oder in die Vereinigten Staaten. Bis heute lassen sich im deutschen Südwesten reservierte Haltungen gegenüber «Preußen» auf das Jahr 1849 zurückführen.

IV. Vom Agrarstaat zur «Klassischen Moderne» 1850–1918

1. Nationale Politik und preußische Kultur

Das Programm der Revolution von 1848, das den Deutschen nationale Einheit und konstitutionell garantierte Freiheit bringen sollte, war gescheitert. Dennoch sind die revolutionären Ereignisse nicht folgenlos geblieben. Politische Bestrebungen, aber auch soziale und wirtschaftliche Entwicklungen haben Preußen im Innern schon Jahrzehnte vor 1870 in die Moderne katapultiert, deren Dynamik mit der Gründung des Deutschen Kaiserreichs nach außen unübersehbar wurde. Das nachrevolutionäre Jahrzehnt ist vielfach als Reaktionszeit, als Zeit der tiefen Enttäuschung der liberalen und demokratischen Hoffnungen, beschrieben worden. Sichtbarsten Ausdruck fand diese Zurückweisung demokratischer Verfassungsvorstellungen im politischen System: Zwar erhielt Preußen eine Verfassung und ein Abgeordnetenhaus, in dem die in der Revolution entstandenen politischen Parteien konservativer und liberaler Couleur vor allem über das Recht, den Haushalt zu beschließen, Einfluss auf die Regierungspolitik nehmen konnten. Dem König aber blieben die Exekutive, der Oberbefehl über das Militär und die Außenpolitik. Zur Bastion der Königstreuen, der Anhänger eines starken Staates und weniger ständischer Konservativer entwickelte sich die Erste Kammer, das Herrenhaus, das vom preußischen Landadel mit teilweise erblichen Sitzen und von Ernennungen des Königs dominiert wurde. Die Zusammensetzung des Abgeordnetenhauses ergab sich dagegen auf der Grundlage des Dreiklassenwahlrechts, das sich als Korrektur des in der Revolution errungenen allgemeinen Männerwahlrechtes verstand. Die Wählerschaft wurde nach Steuerleistung in drei Gruppen aufgeteilt, so dass die wenigen Stimmen der Wähler der ersten Klasse größeres Gewicht erhielten als die Stimmen der Mehrheit der Wähler, die in der dritten Klasse wählten. Die traditionellen, adligen Eliten dominierten Preußens politische Welt am Hof und im Herrenhaus, aber in dem Maße, in dem die Industrialisierung bürgerlichen Wohlstand entstehen ließ, traten im Abgeordnetenhaus, vor allem bei den gemäßigten Liberalen und in der Fortschrittspartei, Unternehmer, Bankiers und Kaufleute hinzu.

Mit dem Thronwechsel 1861, der den Bruder Friedrich Wilhelms IV., Wilhelm I., an die Regierung brachte, erhoffte sich der bürgerliche Liberalismus um Hermann Schulze-Delitzsch, den Gründer der Genossenschaften in Deutschland, den Juristen und späteren Oberbürgermeister von Berlin Max Forckenbeck und den Unternehmer Werner v. Siemens (geadelt 1888) eine «Neue Ära» der Veränderungen. Stattdessen trat eine Verfassungskrise ein, die bis 1866 dauerte und den Kern des preußischen Staatsverständnisses unter konstitutionellen Verhältnissen, nämlich die Abgrenzung der Kompetenzen des Monarchen von denen des Parlaments, betraf. Der Gegenstand des Streites, die Forderung nach einer Reform der Heeresorganisation, dem Ausbau des Heeres und einer Stärkung der militärischen Schlagkraft, war dabei noch nicht einmal generell umstritten. Liberale und Konservative befürworteten angesichts der Entwicklung der internationalen Beziehungen eine Vermehrung der Truppen. Der Krimkrieg, in dem Preußen als einzige europäische Macht neutral geblieben war, hatte nach Ansicht der Führungsschichten gerade deutlich gemacht, wie sehr Preußens Stellung in Europa von seiner militärischen Stärke abhing. Umgekehrt zeigte die Kraftprobe zwischen Regierung und Abgeordnetenhaus, wie zentral des Selbstverständnis des Staates von der Definition der Rolle des Militärs geprägt war. Die Vorschläge, die die Regierung vorlegte – Verlängerung der Dienstzeit der Wehrpflichtigen, Stärkung der Kommandeursgewalt und Minderung der Mitspracherechte des Abgeordnetenhauses –, stießen bei der liberalen Kammermehrheit auf Ablehnung. Während der König und seine Regierung auf der Prärogative des militärischen Oberbefehls bestanden, setzte das Parlament auf sein Budgetrecht und verweigerte die Zustimmung zum Haushalt. Der tief greifende Konflikt bildete die Bühne für den Aufstieg Otto von Bismarcks zum Architekten der preußischen Politik und, sich daraus entwickelnd, zum ersten Konstrukteur der deutschen Reichsgründung. Bismarcks Berufung zum preußischen Ministerpräsidenten im Herbst 1862 verwirklichte eine Politik, die den Primat des Königs in der Militär- und Innenpolitik praktisch umsetzte und mit der berühmten «Eisen-und-Blut-Rede» auf konsequente Konfrontation gegenüber den Liberalen im Abgeordnetenhaus setzte. Die Regierung amtierte von nun an ohne ordnungsgemäßen Haushalt, und eine Lösung schien in weiter Ferne. Bismarck spielte jetzt die nationale Karte, wohl wissend, wie groß die Sympathien für eine nationale Politik bei seinen Feinden im liberalen Lager waren. Eine Politik der Expansion, die sich im Streben des Reiches nach Kolonien und Weltmachtstatus fortsetzte, besaß hier ihre Wurzel. Der Vorstoß des dänischen Königs, das 1852 vereinbarte Statut für die staatsrechtliche Sonderrolle der Herzogtümer Schleswig und Holstein zu ändern und Schleswig in den dänischen Gesamtstaat einzubeziehen, mobilisierte gegen diesen dänischen den deutschen Nationalismus, der bereits 1848 in der Versammlung der Paulskirche hervorgetreten war.

Der kurze Krieg gegen Dänemark 1864, der noch gemeinsam mit Österreich geführt wurde, und die beiden Kriege gegen Österreich 1866 und gegen Frankreich 1870/71 werden in der deutschen Geschichtsschreibung als «Einigungskriege» zusammengefasst. Für das vom Militär geprägte Preußen fällt zunächst auf, dass diese Kriege eindeutig vom Primat der Politik, verkörpert in Bismarck als Ministerpräsidenten, charakterisiert waren. Allerdings muss man berücksichtigen, dass Bismarck diese Autorität als Ausdruck seines wenig ideologischen, pragmatischen Politikstils, gestützt auf den König/Kaiser Wilhelm I., persönlich ausübte. Ein in der Verfassung institutionell abgesicherter Vorrang der Parlaments- und Regierungspolitik vor dem Militär fehlte zugunsten der Machtvollkommenheit des Königs – mit Folgen, wie sich zeigen sollte. In den drei Einigungskriegen konnte die preußische Regierung auf weite Teile des liberalen Bürgertums in Deutschland als Unterstützer rechnen. Dabei wirkte sich der Krieg gegen Österreich, das Hannover und die süddeutschen Staaten auf seiner Seite gefunden hatte, nach innen vor allem in einer Stärkung des protestantischen Charakters des Reiches aus. Die Katholiken bildeten in Preußen eine Minderheit, und der von Preußen ausgehende Kulturkampf sorgte in den beginnenden 1870er Jahren dafür, dass sich die Gräben zwischen protestantischem und liberalem Bürgertum auf der einen und romtreuen, ultramontanen Katholiken auf der anderen Seite weiter vertieften. Jedenfalls fand der preußisch-österreichische Dualismus, der die Geschichte des Deutschen Bundes seit 1815 wesentlich bestimmt hatte, hier ein vorläufiges Ende.

Der Krieg gegen Österreich, der zur Gründung des Norddeutschen Bundes führte, markierte insofern eine Zäsur, weil sich die staatsrechtlichen Verhältnisse mit dem offiziellen Ende des «Deutschen Bundes» irreversibel veränderten. Preußen annektierte Schleswig und Holstein, Hannover und Hessen außer

Darmstadt sowie die Freie Stadt Frankfurt. Vor allem durch die Inbesitznahme Hannovers war die lange ersehnte Geschlossenheit des Staatsgebietes zwischen dem westlichen Rheinland und dem Memelgebiet erreicht. Mit den hessischen Staaten rückte Preußen an den Main als «Weißwurstäquator» heran. Der 1866 gegründete «Norddeutsche Bund», der Preußen mit Sachsen, Oldenburg, Mecklenburg und Braunschweig zusammenführte, stellte bereits zeitgenössisch bloß einen Übergangszustand dar, weil Bismarck enge Bündnisse mit den süddeutschen Staaten für den Fall einer militärischen Konfrontation mit Frankreich knüpfte. Innenpolitisch zahlte sich der Krieg gegen Österreich für die Regierung jedenfalls aus. In den Wahlen zum Abgeordnetenhaus 1866 verlor die liberale Fortschrittspartei als Protagonistin des Verfassungskonflikts die Hälfte ihrer Mandate. Die Gründung der Nationalliberalen Partei, welche die Regierungspolitik unterstützte, ebnete den Weg zur Beendigung des Verfassungskonflikts im Indemnitätsgesetz. Mit diesem Gesetz, das Straffreiheit für das Vorgehen der Regierung festlegte, akzeptierte das Abgeordnetenhaus schließlich mehrheitlich die von der Regierung praktizierte Militärfinanzierung buchstäblich als Preis für die gewonnenen Kriege. Der die Nation einigende Sieg, der weite Teile der preußischen wie «nationalen» Bevölkerung hinter der Regierung versammelte, wurde damit zur Niederlage derjenigen Parlamentsmitglieder, denen es über das Budgetrecht eigentlich auf die Klärung einer zentralen Verfassungsfrage, nämlich die Fortbildung zu einer parlamentarischen Regierungsweise, angekommen war. Umgekehrt führte der Erfolg Bismarcks Preußen, und damit indirekt bereits den kommenden Nationalstaat, einem Verfassungssystem zu, das dem Monarchen und seiner höfischen Umgebung aus Militär und Adel bedeutenden Einfluss zugestand.

Die Gründung des Deutschen Kaiserreichs 1870/71 im Krieg gegen Frankreich veränderte den Blickwinkel auf den Staat und die Gesellschaft Preußens grundsätzlich und auf Dauer. Vor allem bezogen auf die Außenpolitik und die Verfassung erwuchs aus der Staatengeschichte nun bruchlos die Reichsgeschichte, wobei die politische Verflechtung Preußens mit dem Reich, verkörpert in der Einheit des Amtes des Reichskanzlers mit dem des preußischen Ministerpräsidenten, es nicht zulässt, die preußische Geschichte von hier an etwa als bloße Landesgeschichte zu betrachten. Zumindest in den ersten Jahrzehnten des Reiches war die Überschneidung zwischen preußischen Staatsbehörden und Reichsbehörden unübersehbar. In einem institutionellen Sinn handelte das Reich durch Preußen. Aber in der Wahrnehmung der Gesellschaft traten die Unterschiede zwischen Preußen auf der einen und den süd- und mitteldeutschen Staaten auf der anderen Seite allmählich zugunsten der Unterscheidung zwischen katholischen und evangelischen, städtischen und ländlichen Räumen vergleichsweise stärker in den Hintergrund. Und im Blick über Deutschland hinaus, auf Großbritannien, Frankreich und Russland, aber auch auf die außereuropäischen Gebiete und schließlich auf die eigenen Kolonien in Togo, Kamerun, Südwestafrika und im Pazifik, die seit den 1880er Jahren gegründet wurden, trat der deutsche Nationalstaat prägend hervor. Pointiert gesprochen, ist gegen die Tendenzen der borussischen Geschichtsschreibung, welche die Einigung Deutschlands unter preußischer Vorrangstellung und damit die «Verpreußung» Deutschlands gefeiert hat, die These vertreten worden, Preußen und die preußische Geschichte hätten in der Reichseinigung ihr Ende gefunden. Der Nationalstaat trat in dieser Sichtweise an die Stelle eines Preußentums, das seine besondere staatliche Qualität gerade im Dualismus zwischen frühneuzeitlich-europäischer und deutscher Rolle besessen hatte. Preußen, so meinen einige Historiographen, wurde im Kaiserreich zur Verteidigungsbastion politisch und gesellschaftlich konservativer Verhältnisse reduziert, in denen der kaiserliche Hof und das Herrenhaus, die «Junker», das Militär und die Bürokratie jede dynamische Entwicklung im politischen Bereich erstickten. In der Tat kann man die Ansicht vertreten, dass das Verhältnis von staatlicher Politik und Gesellschaft in Preußen im frühen Kaiserreich die vormärzlichen Institutionen unter den gänzlich veränderten politisch-sozialen Verhältnissen einer entstehenden Industriegesellschaft rekapitulierte. Standen damals die Provinzialstände für traditionelle politische Institutionen, traten nun Herrenhaus und

Dreiklassenwahlrecht in einen Gegensatz zur dynamischen wirtschaftlichen und sozialen Entwicklung. Weder auf den Pauperismus der ersten Jahrhunderthälfte noch auf das Wachstum des städtischen Bürgertums und der Arbeiterschichten nach 1870 wurde schließlich eine angemessene politische Antwort in Gestalt eines parlamentarischen Repräsentationssystems gefunden.

Die Reichsgründung gilt in der Geschichtsschreibung idealtypisch als eine Staatshandlung «von oben», im Gegensatz zu einer durch Revolution, Bürgerkrieg oder Wahlakt vollzogenen Staatswerdung durch die Bevölkerung. Aber bei genauerer Betrachtung zeigt sich die Ambivalenz eines solchen Urteils. Gewiss besaß die Reichsgründung im preußischen Ministerpräsidenten Otto von Bismarck ihren Regisseur und Planer. Die Vorbehalte der süddeutschen Staaten, vor allem Bayerns, gegenüber dem Einheitsprogramm, so schloss Bismarck richtig, würden nur durch einen außenpolitischen Erfolg gegen das auf internationales Ansehen und Einflussgewinn bedachte Frankreich zu überwinden sein. Der Krieg, der im Anschluss an die europäische Diskussion um die spanische Thronkandidatur des katholischen Prinzen Leopold von Hohenzollern-Sigmaringen ausbrach, stellte weniger die Ursache als den Katalysator für die nationalstaatliche Einigung der traditionell machtpolitisch schwachen Mitte Europas dar. Wie Bismarck mittels der berühmten «Emser Depesche», mit der die französische Regierung von der Zurückweisung weitergehender Zugeständnisse in brüsker und ungewöhnlich «undiplomatischer» Art und Weise in Kenntnis gesetzt wurde, die Signale für den Kriegsausbruch vorantrieb, ist oft – und mit ganz unterschiedlicher Bewertung – erzählt worden. Dabei tritt gelegentlich in den Hintergrund, wie bedeutsam nicht bloß die Aktivitäten Bismarcks und Napoleons III. als Agenten eines nationalpolitischen Zeitgeistes, sondern auch die Mobilisierung der preußischen und der süddeutschen Bevölkerung für den Erfolg der kriegerischen Einigungspolitik gewesen sind. In dieser Hinsicht blieb eine Traditionslinie aus dem Liberalismus der Paulskirchenversammlung 1848/49 präsent.

Der Krieg gegen Frankreich erscheint – verglichen mit dem Ersten Weltkrieg – aus preußischer Perspektive kurz und erfolgreich. An Preußens Seite standen die süddeutschen Armeen, unterstützt von einer national ergriffenen und begeisterten Öffentlichkeit. Insofern hatte sich Napoleon III., der von der Beharrungskraft der süddeutschen Preußen-Ablehnung ausgegangen war, verkalkuliert. Der Kriegsausgang war umso bemerkenswerter, als die Ausgangspositionen der französischen wie der vereinigten deutschen Armeen durchaus vergleichbar waren. Hier wie dort fand sich im Herbst 1870 ein Millionenheer zusammen. Die für die deutschen Armeen erfolgreichen Schlachten im August 1870 bei Weißenburg und Wörth, dann bei Gravelotte und St. Privat hatten nicht bloß Wirkung auf die französischen Truppen, sondern überzeugten die deutsche Öffentlichkeit von der Realisierbarkeit des nationalen Traums. Der Sieg bei Sedan am 2. September 1870, nur wenige Wochen nach Beginn des Krieges, bei dem Napoleon III. gefangen genommen wurde, machte die Einheit möglich. Das Französische Kaiserreich brach zusammen, und die Ausrufung der Republik folgte auf dem Fuß. Während in Frankreich die Mobilisierung zum Volkskrieg gegen die deutschen Armeen auch den Bürgerkrieg im Innern auslöste, der mit der Niederschlagung des Kommune-Aufstands endete, setzte Bismarck im Januar 1871 den Waffenstillstand gegen die preußische Militärführung unter Helmuth von Moltke durch, der die vollständige Vernichtung der französischen Truppen gefordert hatte. Frankreich musste Elsass-Lothringen abtreten und Reparationen in Höhe von fünf Milliarden Francs zahlen.

Das Reich, das mit der Kaiserproklamation vom 18. Januar 1871 im Spiegelsaal von Schloss Versailles, dem Sinnbild monarchischer Machtvollkommenheit, in Erscheinung trat, stellte formal eine Föderation dar, die von den deutschen Fürsten und nicht von deutschen Wählern oder der Stimme der Öffentlichkeit ins Leben gerufen wurde. Der Bundesstaat, dem der König von Preußen als «Deutscher Kaiser» und nicht als «Kaiser von Deutschland» vorstand, besaß aber durchaus die Eigenschaften des von der Nationalbewegung ersehnten Nationalstaates, auch wenn landesstaatliche Identitäten erhalten blieben. Sukzessive erlangten der Reichstag, der nach einem allgemeinen und gleichen Männerwahlrecht gewählt wurde, und die Reichsgesetzgebung immer größere Bedeutung. Bismarcks Staatsvorstellung umging diese langfristigen Folgen eines allgemeinen Wahlrechts und konzentrierte sich auf einen außenpolitisch verstandenen Machtanspruch. Seine Reichsgründungspolitik überdauerte im Grunde seine gesamte Amtszeit und richtete sich innenpolitisch vor allem auf staatliche Integration und Homogenisierung im Sinne einer Abschwächung derjenigen Unterschiede, die eine Gefahr für den neuen Nationalstaat darstellen konnten. Katholiken, Polen, Sozialisten und die von der «sozialen Frage» betroffenen Arbeiter wurden so zu Themen dieser Innenpolitik. Innerhalb Preußens betrafen solche Bemühungen 1871 im Kulturkampf den Versuch, im traditionell protestantischen Preußen eine Unterordnung der katholischen Kirche zu erreichen. Im Rheinland und in Westfalen, aber auch in der mehrheitlich von Polen bewohnten Provinz Posen bemühte sich der politische Katholizismus, die konsequente Einordnung der Religion in die Sphäre des Staates zu verhindern. Der staatlichen Politik ging es um eine Kontrolle über die Schulen. Der Orden der Jesuiten wurde verboten und zahlreiche Ordenspriester ausgewiesen. Viele katholische Gemeinden verloren ihre Priester. In Posen setzte Bismarck im Einvernehmen mit dem Oberpräsidenten zusätzlich auf eine Germanisierungspolitik, welche sich von dem vornationalen Verständnis des preußischen Untertanenstatus abwandte und preußisch-deutsche Reichsbürger schaffen wollte. Im Jahr 1873 wurde der Gebrauch der polnischen Sprache in Schulen und Kirchen verboten. In der Folge ging vor allem in Ostpreußen der Anteil der polnisch sprechenden Bevölkerung zurück. Auch die traditionell vorhandene Zweisprachigkeit der Bevölkerung in Litauen nahm zugunsten der deutschen Sprache stetig ab. Die Verbannung des Polnischen und Litauischen aus der Öffentlichkeit ließ die kulturellen Traditionen der nichtdeutschen Bevölkerung verschwinden oder verwies sie, wie in Posen, in den illegalen Raum. Von einer erfolgreichen Politik allerdings kann man weder in Bezug auf die Katholiken noch auf die Polen sprechen. Der Kulturkampf hat dem politischen Katholizismus wesentlich die Mobilisierung des katholischen Bevölkerungsteils ermöglicht und ein katholisches Milieu mitgeschaffen, das auch in der Weimarer Republik noch geschlossen agieren konnte. Die Polen wurden letztlich dem preußischen Staat entfremdet, ohne dass eine Annäherung an das Deutsche Reich erfolgte. Die polnische Nationalbewegung in den preußischen Gebieten wurde durch diese Politik jedenfalls nur vordergründig geschwächt.

Während sich die preußische zur deutschen Politik erweiterte, traten Wissenschaft und Kultur als Repräsentationsgebiete besonders hervor. Berlin und die Berliner Universität wurden zum Zentrum moderner Wissenschaft und Wissenschaftspopularisierung. Der Pathologe Rudolf Virchow und Robert Koch, der die Erreger der Cholera und der Tuberkulose identifizierte, öffneten den Wissenshorizont der Medizin. Die Gründung der Urania als Volksbildungsanstalt dokumentierte den Anspruch, auch breitere Bevölkerungsschichten an diesen Wissensgewinnen teilhaben zu lassen. Im Jahr 1899 wurde mit Elsa Neumann die erste Frau an der Berliner Universität im Fach Physik promoviert. Der Historiker Theodor Mommsen kam 1854 als Professor nach Breslau und wechselte 1858 nach Berlin, um dort Römische Geschichte zu lehren. Der Liberale saß von den 1860er bis in die 1880er Jahre im preußischen Abgeordnetenhaus und im Reichstag. Seine herausragende «Römische Geschichte» bezeugte den Status der preußischen Geisteswissenschaften, und Mommsen erhielt 1902 den Nobelpreis für Literatur. Seinen Ruhm verdankt der Gelehrte aber nicht nur seinem historischen Werk, sondern auch seinem Einsatz für Toleranz gegenüber den Juden. Der Antisemitismus war in Preußen spätestens im Anschluss an die Gründerkrise von 1873, die den wirtschaftlichen Einigungsboom zunächst beendet hatte, in Adel und Bürgertum salonfähig geworden. Heinrich von Treitschke, einer der einflussreichsten «borussischen» Historiker, hatte 1879 in den «Preußischen Jahrbüchern» die große Bedeutung von Juden in der Wissenschaft, im Pressewesen und in der Kultur beklagt und sie als «unser Unglück» bezeichnet. Diese Formulierung wurde vom allerdings nicht bloß in Preußen wachsenden Antisemitismus aufgenommen, bis sie schließlich zu einer der zentralen Botschaften der nationalsozialistischen Propaganda wurde.

Für das Preußen der Reichsgründungszeit ist die große Bedeutung der erst entstehenden modernen Geschichtswissenschaft und Geschichtsschreibung besonders charakteristisch. Die borussische Historiographie, die von Historikern wie Johann Gustav Droysen, Heinrich von Sybel und Treitschke konzipiert wurde, half bei der Vorbereitung und der Legitimierung einer nationalen Einheit unter preußischer Führung. Ihre Wirkung blieb auf lange Sicht ambivalent. In dem Bemühen, die schicksalhafte Bestimmung Preußens für Deutschland möglichst seit dem Mittelalter herzuleiten, bestätigten sie stets neu die Bedeutung Preußens in den Geschichtsbüchern. In ihrer eigenen Gegenwart trugen diese Werke aber eher zu einer Verschmelzung preußischer und deutscher Identitäten bei. Als deutsches Bildungsgut zierten sie die Bücherschränke des Bürgertums über Preußen hinaus. Auch in der Architektur verschoben sich die Schwerpunkte. In den letzten Jahren vor dem Ersten Weltkrieg vervollständigte Schloss Cecilienhof im Neuen Garten in Potsdam, wo 1945 die Potsdamer Konferenz stattfand, das bauliche Ensemble des «preußischen Arkadien». Das im englischen Landhausstil errichtete Schloss war geräumig, auf Bequemlichkeit der Nutzer ausgerichtet und teuer, aber keineswegs monumental. Es setzte die «privatisierenden» Tendenzen Sanssoucis fort, ohne dessen Genialität und Originalität zu erreichen. Die Repräsentation Preußens verschob sich damit immer deutlicher von der monarchischen Schlösserarchitektur hin zur Wissenskultur. Der 1829 mit dem Bau des «Alten Museums» begonnene Ausbau der Museumsinsel setzte sich bis in die 1930er Jahre fort. Die Alte Nationalgalerie verschönerte nicht bloß als Bauwerk Berlin, sondern präsentierte voller Stolz die Kunst der Zeitgenossen.

Eines der wichtigsten Felder, in denen Preußen und das Reich nahezu verschmolzen, stellte das Recht dar. Rechtsvereinheitlichung lautete das durch die rasante wirtschaftliche Entwicklung hervorgerufene Gebot der Stunde, so dass man in mancher Hinsicht vom Kaiserreich als homogenem Gesetzesreich sprechen kann. Damit ist die Sozialgesetzgebung gemeint, aber auch so grundlegende Reformen wie die Einführung der Zivilehe

1874/75. Der Entstehungszusammenhang dieses Gesetzes, das die Jahrhunderte währende rechtliche Zuständigkeit der Kirchen für Eheschließungen beendete, lag im Kulturkampf. Die Wirkung reichte aber weit über den katholischen Bevölkerungsanteil hinaus und wurde Teil einer umfassenden Säkularisierung der Lebensumstände. Mit dem Inkrafttreten des Bürgerlichen Gesetzbuches (BGB) im Jahr 1900 hatte der traditionelle Rechtspartikularismus mit den verschiedenen Gesetzbüchern der deutschen Staaten und den lokalen und regionalen Einzelregelungen ein Ende. Für Preußen bedeutete der besonders vom wirtschaftlich aktiven Bürgertum begrüßte Schritt den Verlust des Allgemeinen Landrechts, das die preußische Rechtswirklichkeit im 19. Jahrhundert weitgehend geprägt hatte.

War die preußische Gesellschaft des Kaiserreichs eine Untertanengesellschaft? Diese Frage, die der Historiker Thomas Nipperdey mit Blick auf Deutschland gestellt hat, ist nicht leicht zu beantworten. Auf den ersten Blick scheint es gute Gründe für eine bejahende Antwort zu geben. Heinrich Mann hat in seinem Roman «Der Untertan» Folgsamkeit gegenüber der Obrigkeit und grenzenlosen Opportunismus, gepaart mit Härte gegenüber Untergebenen und Schwächeren, scharf kritisiert. Verschiedentlich ist die Bedeutung des Militärs in der Gesellschaft besonders für Preußen hervorgehoben und von einer Militarisierung der Gesellschaft gesprochen worden. Tatsächlich genossen Offiziere, die häufig adlig und vom eigenen Elitestatus durchdrungen waren, höchste Wertschätzung. Auf den Hofbällen und Tanzveranstaltungen der Gesellschaft maßen die Mädchen ihre persönlichen Erfolge anhand des gesellschaftlichen Rangs der Regimenter, denen ihre Tänzer angehörten. Die Männer des Bürgertums strebten wenigstens nach dem Status eines Reserveoffiziers. Die Exklusivität machte sich auch dadurch bemerkbar, dass Juden in Preußen von dieser Ehrung ausgeschlossen blieben. Zur Charakterisierung Preußens als Hochburg des Militarismus passte schließlich auch die Geschichte des «Hauptmanns von Köpenick», die 1931 von Carl Zuckmayer in einem Theaterstück populär gemacht und schließlich mit Heinz Rühmann verfilmt wurde. Der Vorfall ereignete sich im Jahr 1906. Ein arbeitsloser Schuster, Wilhelm Voigt, verschaffte sich im Leihhaus eine Hauptmannsuniform, befahl einige Soldaten zu seiner Begleitung und «requirierte» mit dieser Unterstützung die Gemeindekasse von Köpenick bei Berlin, die ihm widerstandslos ausgehändigt wurde. Der Spott, der sich über die preußischen Behörden ergoss, erschütterte die Öffentlichkeit, zeugte bei näherer Betrachtung aber zunächst weniger von der Allgegenwart eines aggressiven Militarismus als von der Leichtgläubigkeit der Menschen. Militarismus im klassischen Sinn war sicher weit eher bei den nationalistischen Vereinigungen wie dem «Alldeutschen Verband» zu suchen, der unaufhörlich für die Weltgeltung des Deutschen Reiches, eine expansive Kolonial- und eine konsequente Aufrüstungspolitik agitierte.

Das Preußen der ostelbischen Junker, in dem die Konservative Partei auch wegen des eingeschränkten Wahlrechts bis 1914 politisch den Ton angeben konnte, ist oft beschrieben worden. Dabei fällt die Selbstverständlichkeit ins Auge, mit der die konservativen Rittergutsbesitzer die Landbevölkerung bei der öffentlichen Stimmabgabe unter Druck setzten. Die traditionelle Legitimationsformel des Paternalismus, der zum Besten der Bevölkerung wirkte, hatte aber an Überzeugungskraft verloren. Ein Gesamtbild Preußens bleibt spätestens nach 1900 ohne die Städte unvollständig. Kommunalpolitisch dominierte in Berlin der Linksliberalismus. In den Reichstagswahlen traten die Städte mit Berlin an der Spitze immer deutlicher als Hochburgen der Sozialdemokratie in Erscheinung. Dabei war das erste Drittel des Kaiserreichs auch in Preußen durch den Kampf gegen die Sozialdemokratie, die im «Allgemeinen Deutschen Arbeiterverein» Ferdinand Lassalles auch in Preußen verankert war, mittels der «Sozialistengesetze» bestimmt. Diese Gesetze unterdrückten zwischen 1878 und 1890 die sozialdemokratische Presse und das Vereinsleben im Reich, wurden aber in den Einzelstaaten umgesetzt. Zahlreiche Führer der Partei wurden aus Preußen ausgewiesen, nur die sozialdemokratische Reichstagsfraktion konnte weiter arbeiten, weil die Abgeordneten persönlich gewählt waren. Wie der Kulturkampf gegen den Katholizismus wurden die Sozialistengesetze kein Erfolg. August Bebel und

Wilhelm Liebknecht nutzten erfolgreich das Forum des Reichstags. Die Sozialdemokratie als Massenbewegung war durch Verbote zwar zu schädigen, aber nicht zu zerstören.

2. Industrialisierung und Landleben im Zentrum und an der Peripherie. Berlin und die Provinz

Das Bevölkerungswachstum, die Industrialisierung und die Urbanisierung entfalteten im letzten Drittel des 19. Jahrhunderts nicht nur in Preußen einen tief greifenden Einfluss. Im Jahr 1875 zählte der Gesamtstaat 25 Millionen Einwohner, von denen ca. 34 % in Städten lebten. Bis 1900 wuchs die Bevölkerung auf 35 Millionen Menschen an. Im Jahr 1910 zählte man in Preußen bereits 33 Großstädte mit über 100 000 Einwohnern, in denen insgesamt neun Millionen Menschen lebten. Um 1900 wohnte mehr als die Hälfte der preußischen Bevölkerung (55 %) in Gemeinden mit über 2000 Einwohnern. Dabei wuchsen die Unterschiede zwischen dem verstädterten Westen, dem Rheinland und Westfalen vor allem, und den agrarischen Gebieten östlich der Elbe, in denen nur Berlin und das oberschlesische Industriegebiet städtisch geprägt waren. Das Städtewachstum im Westen resultierte nicht zuletzt aus den Wanderungsbewegungen, die Millionen Menschen auf der Suche nach besseren Lebensbedingungen in die westlichen Gebiete Preußens oder nach Übersee, vor allem in die Vereinigten Staaten von Amerika, brachten. In den östlichen Provinzen verlangsamte sich das Bevölkerungswachstum, und die Städte verloren vielfach an Bedeutung. Königsberg, als Hauptstadt Ostpreußens und Sitz der Universität in der ersten Hälfte des 19. Jahrhunderts ein bedeutendes kulturelles Zentrum, konnte seine Bevölkerungszahl zwischen 1871 und 1910 von 112 000 auf 245 000 zwar mehr als verdoppeln, im Vergleich mit den Städten im Westen war dieser Anstieg aber gering.

Das Ruhrgebiet entwickelte sich im Kaiserreich zum industriellen Zentrum Preußens. Damit bildete sich gegenüber den älteren Zentren Oberschlesiens und Berlins ein westlicher Schwerpunkt, der an die industrielle Bedeutung des Rheinlandes in der ersten Hälfte des 19. Jahrhunderts anknüpfte. Zwischen

1850 und 1900 versiebenfachte sich die Bevölkerung auf ca. drei Millionen Menschen. Mehr als die Hälfte war – vor allem aus dem nahen Umland, aber auch aus den ländlichen Gebieten des preußischen Ostens – eingewandert. In mancher Hinsicht vollendete diese Ost-West-Wanderung damit die «Westverschiebung» des preußischen Staatsgebietes des Jahres 1815. Polnisch sprechende Einwanderer aus Posen und Masuren verkörperten die Eigenschaften der Bergbauregion als «Schmelztiegel» in besonderer Weise. Wanderung bedeutete vor allem Arbeitswanderung. Die Suche nach einem Arbeitsplatz in der Industrie und im Bergbau bildete das wichtigste Motiv für das Verlassen der Heimat. Dabei bestand die Wanderungsbewegung zunächst mehrheitlich aus jungen Menschen zwischen 20 und 30 Jahren, die von den Zechen und Industrieunternehmen oftmals gezielt angeworben wurden.

Angesichts einer sich entwickelnden Öffentlichkeit, in der die Massenmedien, an der Spitze die Zeitungen, eine Blütezeit erlebten und in der an Berichten über die gesellschaftlichen Zustände kein Mangel herrschte, schienen die Unterschiede zwischen dem neumodischen Prunk des kaiserlichen Hofes einerseits und dem Elend der ärmsten Einwohner der Stadt Berlin andererseits durchaus obszön. Die Lebensverhältnisse in den Großstädten unterschieden sich vor allem durch die stärker werdende Segregation, d. h. die Entstehung sozial homogener Wohnviertel, immer deutlicher voneinander. In Berlin, aber auch in den preußischen Städten und selbst in Industriestädten wie Essen und Dortmund, wuchsen großbürgerliche Villenviertel, in denen Unternehmer und Bankiers, die freiberufliche Elite der Mediziner und Anwälte, gelegentlich auch die Spitzen der Beamtenhierarchie mit ihren Familien lebten. Am anderen Ende der Skala rangierten die Mietskasernenghettos für Arbeiter, in denen für kleine und feuchte Einzimmerwohnungen Höchstpreise gezahlt werden mussten. Im Berliner Wedding drängten sich kinderreiche, aber in jeder anderen Hinsicht arme Familien in Wohnungen, die nur aus einem heizbaren Zimmer bestanden. Von den großen zivilisatorischen Errungenschaften des Kaiserreichs, besonders dem Wasserklosett, konnten die Bewohner der Mietskasernen meist nur träumen. In mittleren Wohnverhältnissen, die für Facharbeiter, Angestellte und Gewerbetreibende charakteristisch waren, breitete sich die Ausstattung mit fließendem Wasser aber schon vor 1900 aus. Im Jahr 1903 verfügten erst 20% der Vorderhauswohnungen in Berlin über Gasanschlüsse. Berlin wuchs als Reichshauptstadt nach 1870 in einer Größenordnung, die andere europäische Städte in den Schatten stellte. 1871 besaß Berlin ca. 825 000 Einwohner, und bis 1914 stieg die Anzahl auf zwei Millionen an. Nur London ließ sich in dieser Hinsicht noch mit Berlin vergleichen.

Die politische Ordnung der Städte orientierte sich zumindest im Fall des Wahlrechts eher an Preußen als am Reich. Die Städteordnung von 1853 führte das Dreiklassenwahlrecht ein und gewährte dem besitzenden und gebildeten Bürgertum damit ein bis in den Ersten Weltkrieg reichendes politisches Übergewicht. Die Kompetenzen der gewählten Stadtverordnetenversammlung fanden allerdings in der starken Stellung des Magistrats ein Gegengewicht. Rathäuser, Schulen und Krankenhäuser im Backsteinstil vereinheitlichten die Physiognomie der preußischen Städte. Der Bau von Gas- und Elektrizitätswerken, von Kanalisation und Straßenbahn verbesserte die städtische Infrastruktur und stellte den Gegenstand und den Motor der industriellen Entwicklung dar. Eine leistungsstarke Kommunalverwaltung mit den Oberbürgermeistern an der Spitze entstand nicht nur in Preußen und wurde zu einem der sichtbarsten, auch im Ausland bewunderten Kennzeichen der Moderne des Kaiserreichs.

Das rasche Anwachsen der Bevölkerung Berlins hing vor allem mit der Zuwanderung von Arbeitern zusammen, die im Maschinenbau und in der Elektro- und chemischen Industrie beschäftigt waren. Stadt- und Staatsbild wurden in Berlin durch die riesigen Werksgelände von Siemens, AEG und Schering, im Ruhrgebiet von Krupp, Thyssen, Mannesmann und dem Bergbau bestimmt. Der 1894 fertig gestellte, von Paul Wallot geplante Reichstag, dessen Zueignung «Dem Deutschen Volke» übrigens erst im Weltkrieg angebracht wurde, als Wilhelm II. seinen Widerstand gegen diese Inschrift endlich aufgab, inszenierte das Reich als Gegenüber des preußischen Königsschlosses.

Die Siegessäule, die 1873 auf dem Königsplatz (heute Platz der Republik vor dem Bundestag) errichtet wurde, feierte den Sieg über Frankreich mit einer Mischung aus preußischen und nationalen Motiven im Bildprogramm. Berlin wuchs neben München zur deutschen Kunsthauptstadt heran. Konventionell-schulmäßige, nicht zuletzt vom Geschmack des Kaisers und des Hofes geprägte Malerei stand neben der Berliner Secession, die Max Liebermann 1898 gründete. Damit wurde Berlin aufregend, ein Zentrum der «Klassischen Moderne», und es begann ein kultureller Aufstieg, der sich in den Krisenjahren der Weimarer Republik als «goldene zwanziger Jahre» fortsetzte.

In den Städten des Deutschen Kaiserreichs und Preußens bildeten die Juden trotz ihres geringen Anteils von ca. 1% der Reichsbevölkerung eine auffällige und heterogene Minderheit. Vor allem die aus dem russischen Osten eingewanderten Juden waren arm. Die kulturelle Kluft zu den bürgerlichen Juden Berlins und Breslaus wuchs eher an, als dass sie sich verringerte. Gläubige Juden, die an der Orthodoxie und den umfassenden Ritualen festhielten, unterschieden sich von reformorientierten Juden und Konvertiten, schließlich von den gänzlich Assimilierten, die wie das deutsche Bürgertum einen humanistischen Bildungsbegriff als Glaubensgrundsatz betrachteten. Der amerikanische Historiker Fritz Stern hat sehr anschaulich über die berufliche und soziale Situation seiner jüdischen Familie, Ärzten vor allem, in Breslau berichtet. Die Breslauer Juden gehörten vielfach zum besitzenden und gebildeten Bürgertum. Als Mediziner, Anwälte und Journalisten stiegen sie zu den Spitzenvertretern der freien Berufe auf. Richard Stern wurde als bedeutender Bakteriologe im Jahr 1900 Direktor der Breslauer Poliklinik. Dennoch hatte die Assimilation Grenzen. Angesehene Positionen im Staatsdienst, z. B. als Professoren der Rechts- und Geisteswissenschaften, und das Offizierskorps blieben Juden in Preußen trotz der Nähe jüdischer Bankiers und Unternehmer zu Kaiser Wilhelm II. verschlossen. Richard Stern starb bereits mit 45 Jahren, bevor er eine Spitzenposition als Ordinarius erringen konnte. Als Philanthropen und Mäzene förderten Juden wie James Simon Kunst und Kultur in den von ihnen geschätzten

Städten. Mit Sicherheit war der Antisemitismus, der in diesen Jahrzehnten entstand, kein preußisches, nicht einmal ein ausschließlich deutsches Phänomen. Aber er entstand eben auch in Preußen. Die antisemitische Propaganda des Hofpredigers Adolf Stoecker Ende der 1870er Jahre in Berlin hatte ihren Ursprung in der Atmosphäre von vermeintlich christlichen Vorbehalten, ökonomischen Krisen und dem Neid und der Missgunst gegenüber erfolgreichen Kaufleuten und Akademikern. Die Juden als eine Gruppe, der im 19. Jahrhundert ein kollektiver sozialer Aufstieg gelungen war, wurden zur Zielscheibe von Ablehnung und Hass. Auch die preußische Regierung schloss sich der Ablehnung an. Mehr als 30 000 nicht eingebürgerte Juden und Polen wurden 1885 aus Preußen ausgewiesen.

Jüdische Frauen traten als Vorreiterinnen der Frauenemanzipation hervor. Wohltätigkeit und Gemeindearbeit gehörten zu den Aktivitäten, welche die Jüdinnen früher als andere Frauen aus der Sphäre des Haushalts und der Kernfamilie hinausführten. Im 1904 gegründeten «Jüdischen Frauenbund» war reichsweit ca. ein Viertel sämtlicher Jüdinnen über 30 Jahre organisiert. Ihre Ausbildung entsprach zwar nicht derjenigen der Männer, dennoch verfügten sie über Bildungsvoraussetzungen, die sie in die Lage versetzten, unter den ersten Studentinnen, die Preußen 1908 zuließ, weit überrepräsentiert zu sein. Die bürgerliche Frauenbewegung begann nicht in Preußen, sondern eher in der Revolution 1848 im sächsischen Leipzig, wo Louise Otto-Peters ihre «Staatsbürgerinnen-Zeitung» unter der Schlagzeile «Dem Reich der Freiheit werb' ich Bürgerinnen» herausgab. In Berlin wurde 1866 der sog. «Lette-Verein» gegründet, der sich für die Erwerbsmöglichkeiten von Frauen engagierte und Handels-, Gewerbe- und Zeichenschulen aufbaute. 1896 unterrichteten in Preußen 14 600 Lehrerinnen an Volksschulen und höheren Mädchenschulen. Die Nationalökonomin Alice Salomon gründete 1908 die Soziale Frauenschule in Berlin. Ebenso wie die Arbeiterbewegung lässt sich die Frauenbewegung nicht auf die Situation in Preußen zurückführen. Die nationale Dimension der Emanzipationsbewegungen ist offensichtlich. Allerdings muss man berücksichtigen, dass die Themen vielfach die staatliche Ebene betrafen. Vereinsgesetze, Regelungen für Schultypen und die Zulassung zu Universitäten waren Angelegenheiten der Einzelstaaten. Damit stellte Preußen häufig den wichtigsten Adressaten für politische Forderungen dar.

Formal entstand der Sozialstaat nicht in Preußen, sondern mit der Reichssozialgesetzgebung. Praktisch aber entwarfen vielfach preußische Sozialpolitiker und Verwaltungsfachleute die Modalitäten. Weil zwei Drittel der Reichsbevölkerung in Preußen lebten, entfalteten Bismarcks Gesetze zur Kranken-, Unfall-, Invaliditäts- und Rentenversicherung aus den 1880er Jahren hier ihre größte Wirkung. Allerdings sollte man die materielle Begünstigung für die einzelnen Bürger nicht überschätzen. Zunächst kam nur eine Minderheit der Arbeiter und Arbeiterinnen überhaupt in den Genuss der geringen Leistungen, Landarbeiter und Familienangehörige der Arbeiter blieben noch ausgeschlossen. Aber auch schon vor den Versicherungsgesetzen kamen Sozialreformvorschläge aus Preußen. Im Jahr 1853 wurde das sog. Elberfelder System in der Armenfürsorge eingeführt, das die Unterstützung armer Familien durch ehrenamtliche Fürsorger und Gemeindegelder vorsah und damit einen Schritt zur sozialen Fürsorge des Kaiserreiches machte. Der Wohlfahrtsstaat des letzten Drittels des 19. Jahrhunderts vereinheitlichte das Reich und führte zu einer Abschwächung preußischer Identität. Die Reichsbürgerschaft konkretisierte sich z. B. in der Sozialgesetzgebung. In mancher Hinsicht ist daher dem Lamento des altpreußischen Konservatismus, das alte Preußen sei mit dem Reich untergegangen, zuzustimmen. Allerdings existierten jenseits der partikularen Welt der «Gutsherrschaftsgesellschaft» Ostelbiens (Jan Peters) andere Preußen-Bilder. Ein nicht ideologisierter Blick auf das Preußen des Kaiserreichs entdeckt nicht bloß das konservative Preußen der adligen Rittergutsbesitzer, sondern auch ein sozialistisches Preußen der großen Städte und ein katholisches Preußen im Rheinland und in Westfalen.

Während die großen Städte in der Urbanisierung einen Universalisierungsschub erlebten, blieb das Land traditioneller geprägt und «preußischer». Die Landräte, obwohl immer noch überwiegend aus dem preußischen Adel stammend, regierten zunehmend als Staatsbeamte und weniger als adlige Standesvertreter. Im Gegensatz zu älteren Forschungen, welche die unbeschränkte Herrschaft der Rittergutbesitzer, der «Junker», auf den Gütern im Osten hervorgehoben haben, sieht man die ländlichen Verhältnisse heute differenzierter. Die Kreisordnung von 1872 verstaatlichte die Polizei und begrenzte die Kompetenzen der Gutsbezirke. Die Bauern und bäuerlichen Gemeinden, die im Laufe des 19. Jahrhunderts zu einer wichtigen Gruppe der ländlichen Eigentümergesellschaft aufgestiegen waren, konnten durchaus politischen Einfluss ausüben. Straßen- und Eisenbahnbau, wie die 1857 eröffnete Strecke zwischen Berlin und Königsberg, veränderten die Landschaft und den Austausch zwischen Städten und Regionen. Trotzdem blieben die agrarischen Provinzen zurück. Während zu Beginn der 1870er Jahre die westlichen Regionen nur noch eine geringe Analphabetenrate von ca. 6% aufwiesen, konnte in Ostpreußen ein Drittel der Bevölkerung nicht lesen und schreiben. Kulturelle Beziehungen entwickelten sich in sehr unterschiedliche Richtungen. Im Rheinland orientierte man sich nach Frankreich, ganz im Osten der Monarchie entstanden kleine Badeorte auf der Kurischen Nehrung und im Samland, wie Cranz oder Nidden, im Kontext einer völlig anderen, von Russland und dem polnischen Judentum geprägten Welt.

Der Gegensatz zwischen der bürgerlichen Bühne der Städte und dem Landleben im Osten ist von Theodor Fontane eindringlich, melancholisch und spöttisch beschrieben worden. Der große Autor «realistischer» Gesellschaftsromane wie «Effi Briest» und «Frau Jenny Treibel» hat mit den «Wanderungen durch die Mark Brandenburg» lokale und ländliche Sagen und Geschichten zu einem romantischen Erzählmuster verwoben. Die Erzählungen und Legenden über Persönlichkeiten des märkischen Adels, die Fontane gesammelt und gestaltet hat, schlossen an die Bemühungen der Romantiker Clemens Brentano und Achim von Arnim vom Anfang des Jahrhunderts an, entwarfen aber in den 1880er Jahren eher ein Gegenbild zu den Verwerfungen der industriellen Moderne.

Im Unterschied zu seinem Großvater Wilhelm I., der zu lange Kronprinz und König von Preußen gewesen war, um sich als

«Deutscher Kaiser» fühlen zu können, traten für Wilhelm II. preußische und reichsdeutsche Identität in ein neues Verhältnis. Der Kaiser wählte aus: Gefiel er sich einerseits als Lehnsherr seines preußischen Landadels, Protektor des evangelischen Glaubens und Hüter der militärischen Tradition der Hohenzollern, begeisterte er sich andererseits für die technischen und wissenschaftlichen Errungenschaften im Reich, nicht zuletzt für die Flotte als erstes Mittel auf dem Weg zur Weltmacht, und für neue Formen monumentaler Repräsentation, die das Kaisertum legitimierten. Als Sohn der englischen Prinzessin Victoria und Enkel der Queen Victoria besaß er ein ambivalentes Verhältnis zu Großbritannien als industrieller Führungsmacht und dessen bewundertem Imperium. Der königliche Hof in Berlin wandelte sich im Wilhelminismus zum Kaiserhof, der sich nur mit St. Petersburg, Wien und London und nicht mehr mit München oder Dresden vergleichen wollte. Für den von Wilhelm geschätzten preußischen Landadel brachte das eine schmerzliche Zurücksetzung mit sich, etwa wenn sich Wilhelm bemühte, auch die Repräsentanten des neuen Reichs, erfolgreiche Unternehmer, Bankiers und Wissenschaftler an den Hof zu ziehen.

Der Erste Weltkrieg, der Ende Juli 1914 ausbrach, ist häufig als «Urkatastrophe» des 20. Jahrhunderts bezeichnet worden. Der «große Krieg» sah aus der Perspektive des europäischen Mächtesystems nicht Preußen, sondern das Deutsche Kaiserreich als Akteur. Besonders gut sichtbar wurde diese Schwerpunktverlagerung in den ausschweifenden Kriegszielprogrammen, welche die Reichsregierung, die deutsche Industrie und schließlich die nationalen Vereinigungen wie der «Alldeutsche Verband» über die konkrete Ausgestaltung einer deutschen Hegemonialstellung in Europa zwischen Dünkirchen und der Ukraine entwarfen. Die Verbindung zwischen dem Kaisertum und der preußischen Krone, zwischen dem preußischen Heer und den deutschen Soldaten und ihren Kommandeuren, zwischen der Reichsregierung und der preußischen Zivilverwaltung wurden unter den Bedingungen des Krieges enger. Eine Unterscheidung blieb oft nur formal bestehen. Die Versuche einer staatlichen Lenkung der Kriegswirtschaft mit der Gründung der

Kriegsrohstoffabteilung 1914 zielten vor allem auf eine Zentralisierung der deutschen Wirtschaft. Pointiert gesprochen, stärkten die Bedingungen des Krieges den Nationalstaat und schwächten die landesstaatlichen Handlungsmöglichkeiten. Auch in anderer Hinsicht wurden die Gemeinsamkeiten größer. An der Front mussten bayerische wie preußische Soldaten sich einem Rhythmus unterwerfen, der zwischen dem unmittelbaren Kampfeinsatz, dem Schanzenbau in der rückwärtigen Stellung und der «Erholung» hinter der Front abwechselte. Der Hunger, der das Leben in den Städten spätestens seit dem «Kohlrübenwinter» von 1916/17 charakterisierte, betraf Hamburger wie Berliner Einwohner gleichermaßen. Es bleibt zwar umstritten, ob es sich beim Ersten Weltkrieg um einen «totalen Krieg» gehandelt hat, der Zivilisten und Soldaten in einer ununterbrochenen Situation der Bedrohung festhielt. Jedenfalls aber traten landesstaatliche Bezüge und damit auch die Selbstwahrnehmung als Preußen in den Hintergrund.

Der Krieg unterschied weit deutlicher Stadt- von Landbewohnern als Preußen von Süddeutschen. Die Städte und vor allem die ärmeren Stadtbewohner litten unter existentieller Not, die sich in «Brotunruhen» niederschlug. Angesichts der Tatsache, dass sich die Mehrheit der jüngeren Männer an der Front befand, traten Frauen und Jugendliche besonders hervor. In den Städten entstanden Schwarzmärkte, auf denen sich zu hohen Preisen nur noch Angehörige der Mittel- und Oberschichten versorgen konnten. Auf dem Land, und das galt sowohl für die bäuerlichen Gebiete Bayerns und Südwestdeutschlands wie für die gutswirtschaftlich geprägten Gebiete Ostelbiens, gestalteten sich die Lebensverhältnisse grundsätzlich besser. Die Gegensätze zwischen ländlichen Nahrungsmittelproduzenten und städtischen Konsumenten verschärften sich während des Krieges deutlich. Vor allem die preußische Verwaltung in Gestalt der Oberbürgermeister trat nachdrücklich für die Versorgungsinteressen der Stadtbewohner ein. Trotzdem blieb das preußische Staatswesen für viele Protagonisten des Weltkriegs auf deutscher Seite eine wichtige Handlungsebene. Die Forderung nach Reform des Dreiklassenwahlrechts war vor dem Krieg vor allem von den Sozialdemokraten erhoben worden, die durch dieses System am deutlichsten benachteiligt waren. In den Januarstreiks 1918, die in Berlin 400 000 Menschen mobilisierten, traten wirtschaftliche und politische Forderungen gleichermaßen hervor. Der Kaiser und das Herrenhaus verweigerten sich fast bis zum Ende des Krieges. Dabei wurde die Wahlrechtsreform in den Händen der militärischen Führung Hindenburgs und Ludendorffs zum Mittel der Demontage des Reichskanzlers. Erst in den Oktoberreformen 1918, die dem Reich den Übergang zum parlamentarischen System brachten, wurde die Abschaffung des Dreiklassenwahlrechts in Preußen angekündigt. Allerdings blieb die Umsetzung aus, weil die revolutionäre Dynamik der Novembertage andere Voraussetzungen schuf. Die gescheiterte Wahlrechtsreform stand damit symptomatisch für die Zurückweisung der Ansprüche des sozialdemokratischen Preußen durch Monarchie, Bürokratie und Militär, aber auch durch die adligen und bürgerlichen Führungsschichten insgesamt.

Die Analyse der Ursachen des Ersten Weltkriegs weist auf das Deutsche Reich als staatlichen Akteur zurück, das in europäischer Perspektive einen großen Teil der Verantwortung, wenn auch nicht die «Alleinschuld» trug. Inwieweit die Reichspolitik primär preußischen Bedingungen folgte, ist allerdings eine umstrittene Frage. Das preußische Militär- und Verfassungssystem stellte aber eine Hypothek für das Deutsche Reich insgesamt dar, die in die deutsche Revolution von 1918/19 führte.

V. Die Republik von Weimar und der Nationalsozialismus

1. Die Verteidigung der Weimarer Republik in Preußen

Mit guten Gründen kann man behaupten, dass die Revolution von 1918/19 und die republikanische Verfassung eine neue, zentralistische Staatsorganisation geschaffen haben, welche die Einzelstaaten, und damit auch Preußen, deutlich in den Hintergrund treten ließ. Zwar ereignete sich die Revolution auch in Preußen, vor allem in den industriellen Zentren, und die Hauptstadt Berlin bildete einen wichtigen Schauplatz, an dem viele grundlegende Entscheidungen getroffen wurden. Die Ausrufung der Republik durch Philipp Scheidemann vom Balkon des Reichstags am 9. November 1918 war nur eines in einer Kette von Ereignissen, welche die Dynamik der Revolution gerade in ihrem Zentrum deutlich machen. Keineswegs aber kann man von einer Konzentration der Revolution auf Preußen sprechen. Zwar begann der Matrosenaufstand in Kiel, aber auch Bremen und München gehörten zu den wichtigsten Orten. In Berlin wurden aber die Grundlagen für die neue Ordnung geschaffen. Der Pakt zwischen Friedrich Ebert und dem Generalquartiermeister Wilhelm Groener, also zwischen der politischen Führung der Revolution und dem Heer, regelte die Demobilisierung der Soldaten und unterstützte den Anspruch des Heeres auf politische Mitsprache.

Wegen der revolutionären Unruhen wich die verfassunggebende Nationalversammlung Anfang Februar 1919 ins ruhigere Weimar aus, so dass die vom aus Preußen stammenden, linksliberalen Staatsrechtler Hugo Preuß entworfene Verfassung keinen Berliner Namenszusatz trägt. Preuß schlug vor, der Übermacht des preußischen Staatswesens im Kaiserreich in der neuen, föderale und zentralistische Elemente mischenden Ordnung durch die Aufteilung Preußens zu begegnen. Im rechten politischen Spektrum wurde dieser Vorschlag grundsätzlich abgelehnt, aber selbst bei den Parteien der Weimarer Koalition, die zunächst im Reich wie in Preußen über eine politische Mehrheit verfügten, fanden sich nur wenige Unterstützer. Das Zentrum und die DDP konnten einer kleinteiligen Organisation des Staatsgebiets wenig abgewinnen und fürchteten um die Einheit des Reiches. Aber auch die SPD, die im Kaiserreich zentralistische Positionen vertreten hatte und an der Weiterexistenz eines konservativen, von Junkern und Militärs beherrschten Preußen eigentlich kein Interesse haben konnte, verweigerte sich der Auflösungsidee. In den unruhigen Revolutionsmonaten versprach das Weiterbestehen der intakten preußischen Verwaltung auch unter geänderten politischen Vorzeichen Kontinuität. So blieb Preußen als Land bestehen. Im Vergleich mit der Weimarer Reichsverfassung fällt zumindest ein Unterschied ins Auge: Die preußische Verfassung vom 30. November 1920 verzichtete auf einen «Präsidenten» mit der starken Stellung des Reichspräsidenten. Der preußische Ministerpräsident verfügte nicht über ein Notverordnungsrecht, das ihn von einer parlamentarischen Mehrheit unabhängig machte.

In den unruhigen Nachkriegsjahren, in denen sich separatistische Neigungen im Rheinland wie in Ostpreußen äußerten, wenngleich nie die Mehrheit der Bevölkerung hinter diesen Vorschlägen stand, galt den Anhängern der Republik das demokratische, auf die soziopolitische Wirklichkeit der großen Städte bezogene Preußen als Hort der Stabilität. Persönlich verkörpert wurde diese Stabilität durch den Sozialdemokraten Otto Braun, der von 1920 bis 1932 als Ministerpräsident amtierte. Der Kontrast zur Instabilität der Reichsregierungen erschien dabei keineswegs selbstverständlich. Preußen war von den Gebietsabtretungen, die der Versailler Vertrag dem Reich abverlangte, stark betroffen. Während der Verlust Elsass-Lothringens für das Reich erwartet werden konnte, wirkte sich die Abtretung Westpreußens und Posens, von Danzig, dem Memelgebiet und Teilen Oberschlesiens und Ostpreußens nicht nur wirtschaftlich aus. In Masuren und im Ermland ergab eine Volksabstimmung, in der die Wahlberechtigten zwischen Ostpreußen und Polen wählen konnten, ein klares Ergebnis von 98 % der Stimmen für Ostpreußen. Das Reich büßte insgesamt 5,7 Millionen Menschen und 13 % seines Territoriums ein. Preußen verlor den räumlichen Zusammenhang seines Staatsgebiets. Der polnische Korridor warf den Staat damit buchstäblich auf die Bedingungen des 18. Jahrhunderts zurück. Die Teilung des Staatsgebiets schwächte die preußische Staatsidentität vor allem an den Rändern. Im Rheinland und in Ostpreußen wuchsen die Besorgnisse einer «Grenzlandbevölkerung». Zusammen mit der Bekämpfung der Parteien der Weimarer Koalition etablierte sich die Ablehnung des republikanischen Preußen und ließ vor allem im rechten politischen Spektrum ein auf die Region und auf die

Provinz bezogenes Selbstverständnis entstehen, das übrigens nach Flucht und Vertreibung 1945 als landsmannschaftliche, auf Ostpreußen, Schlesien oder Pommern bezogene Identität weiter bestand. Das Verhältnis zu Polen, das seine Staatlichkeit mit dem Ersten Weltkrieg zurückgewonnen hatte, blieb unter diesen Umständen schwierig.

In den ersten Jahren der Republik akzeptierte die Mehrheit der Bevölkerung die neue politische Ordnung, obwohl diese durch die Bedrohung von links und rechts, die einen Bürgerkrieg anzukündigen schien, in große Legitimationsschwierigkeiten geriet. Die massiven Wirtschaftsprobleme, die 1923 in die Hyperinflation mündeten, erleichterten die Lage nicht. Bereits im Sommer 1919 wurde der Pommersche Landbund als Interessensverband der Großgrundbesitzer gegründet, der das Koalitionsrecht der Landarbeiter nicht akzeptierte und gegen die Lohnforderungen der Arbeiter mobilmachte. Auf zahlreichen ostelbischen Gütern wurden Waffendepots angelegt, die im Kapp-Lüttwitz-Putsch 1920 zum Kampf gegen die Republik und zur Errichtung eines autoritären Regimes genutzt werden sollten. Der Putschversuch, der Reichswehroffiziere aus dem preußischen Adel und Protagonisten des altpreußischen protestantischen Bürgertums zusammenführte, scheiterte schließlich an der Ausrufung des Generalstreiks und an der «neutralen» Haltung der Reichswehrführung. Die konservativen ostelbischen Rittergutsbesitzer, die den Putschversuch unterstützten, stellten sich einen autoritären Staat vor, in dem die traditionellen Eliten den Ton angeben sollten. Trotz des Misserfolgs engagierten sie sich weiter gegen den demokratischen Staat.

Dennoch lässt sich die politische Geschichte Preußens in der Weimarer Republik zumindest zum Teil als ein Kontrastprogramm zur Reichspolitik lesen. Während die deutsche Republik durch die Außenpolitik, die Reparationen und tief greifende Meinungsverschiedenheiten in den wichtigsten Fragen der Wirtschafts- und Sozialpolitik in die Unregierbarkeit driftete, ermöglichte sich Preußen mit der Regierung aus SPD, DDP/DVP und Zentrum eine ansonsten nicht erreichte politische Stabilität. Der Innenminister Carl Severing galt als charmante und charismatische Persönlichkeit, die für die Demokratisierung Preußens eintrat. Das Konkordat mit dem Heiligen Stuhl 1929 regelte das Zusammenwirken von katholischer Kirche und Staat, z. B. die Bischofswahl. Der preußische Ministerpräsident Otto Braun fand ein akzeptables Verhältnis zum Reichspräsidenten Hindenburg. Im Verhältnis dieser beiden Männer – der eine ein führender Vertreter der Arbeiterbewegung und Interessenwahrer der städtischen Bevölkerungsmehrheit, der andere anscheinend ein Protagonist des traditionellen ländlichen, von Adel und Militär dominierten Preußen – sehen viele Historiker die Verkörperung des Spannungsverhältnisses, das Preußen in den 1920er Jahren aushalten musste. Neuere Forschungen haben allerdings Zweifel an der Charakterisierung Hindenburgs als Verteidiger des alten Preußen angemeldet. Hindenburg erscheint nun weit eher als ein moderner Machtpolitiker, der preußische Traditionsbegriffe von Tugend und Treue eher manipulativ benutzte als positiv bekräftigte. Außerdem sollte der Einfluss beider Männer nicht überschätzt werden. In den letzten wichtigen Phasen ihrer Amtszeit präsentierten sie sich durch Krankheit und Alter kaum noch als eigenständig handlungsfähig.

Nach der Niederschlagung des Kapp-Putsches wandte sich die Regierung der Aufgabe der Demokratisierung von Verwaltung, Justiz und Polizei zu. In der Verwaltung ging es vor allem um eine Ablösung der Landräte aus dem Kaiserreich. Bei der Neubesetzung der Stellen der ca. 90 Landräte, die entlassen wurden, zeigte sich allerdings, wie schwierig es war, qualifizierte und republiktreue Nachfolger zu finden. Die preußische Polizei erfüllte ihre Aufgabe der Verteidigung der Republik im Großen und Ganzen zufrieden stellend. Bei der Justiz war der Erfolg der Bemühungen am geringsten. Mehrheitlich blieben die preußischen Richter in den 1920er Jahren «auf dem rechten Auge blind». Eine Art der «Abwicklung» der preußischen Monarchie, die den Staat seit dem Mittelalter verklammert hatte, stellte das Gesetz zur Fürstenabfindung 1926 dar. Während die Zentren monarchischer Repräsentation wie die Berliner und Potsdamer Stadtschlösser, Charlottenburg und Sanssouci an den preußischen Staat fielen, erhielten die Hohenzollern insgesamt

39 Palais, Gebäude und Grundstücke, darunter die Burg Hohenzollern und das Palais Unter den Linden, sowie 50 000 ha Land und 15 Millionen Reichsmark. Damit war die ehemalige Dynastie zu einer Familie vermögender Privatleute geworden. Abgewickelt wurde zunächst auch eine andere Institution, die mit den gesellschaftlichen und politischen Eliten Preußens im Kaiserreich eng verbunden war. Die Bedingungen für tausende adlige Offiziere, die im 100 000-Mann-Heer der Weimarer Republik keine Verwendung fanden, gestalteten sich freilich weit weniger komfortabel als das Leben der kaiserlichen Familie. Der preußische Militäradel setzte sich bereits seit mehreren Generationen aus Familien zusammen, in denen nur noch ein weitläufig verwandter Familiensenior über Landbesitz verfügte. Unmittelbare Existenznot, Deprivation und nicht zuletzt die erbitterte Ablehnung der Republik bahnten den ehemaligen Offizieren einen Weg in die Freikorps und dann auf Dauer ins rechte politische Lager, das ein autoritäres Regierungssystem befürwortete und die Demokratie entschieden ablehnte.

Das moderne politische Preußen zeigte ein janusköpfiges Gesicht. Einerseits war der städtische, liberale und katholische Einfluss unübersehbar. Das Frauenwahlrecht führte die weibliche Hälfte der Bevölkerung, zunächst vor allem die Mitglieder der Frauenbewegung des Kaiserreichs und Sozialdemokratinnen, in die Politik. Die bekannteren Frauenpolitikerinnen wie Gertrud Bäumer oder Marie-Elisabeth Lüders entschieden sich für die nationale Arena und zogen in die Nationalversammlung bzw. dann in den Reichstag ein. Das Sozialprofil der weiblichen Abgeordneten in den deutschen Parlamenten aber ähnelte sich. Die beiden weiblichen Mitglieder der DVP-Fraktion im preußischen Landtag von 1920 waren als Lehrerinnen an Mädchengymnasien tätig. Die Politisierung erfasste auch konservative Frauen. Der «Deutsch-Evangelische Frauenbund» stand der DNVP nahe, und die Frauen des preußischen Adelsmilieus beteiligten sich vielfach an den Wahlkämpfen der 1920er Jahre. Nicht nur in Berlin fanden übrigens Frauen ein neues Selbstbewusstsein, das sich im Entwurf der «Neuen Frau» mit Bubikopf, Lippenstift und legerer Kleidung verdichtete. Sozial gesehen handelte es sich meist um junge, ledige Frauen, die als Angestellte in den Büroberufen oder in Warenhäusern arbeiteten. Die öffentliche Präsenz, die Frauen im Ersten Weltkrieg gewonnen hatten, als sie Tätigkeiten wie Busschaffnerin, Briefträgerin und Schalterbeamtin ausgeübt hatten, ließ sich nicht vollständig zurückdrängen. Zwar konnte von einer Revolution im Geschlechterverhältnis keine Rede sein, aber der Handlungsspielraum von Frauen erweiterte sich sukzessive.

Trotz der relativen Stabilität, die Preußen in den 1920er Jahren zu einem Hort der Demokratie und der Verteidigung der Republik werden ließ, konnten die außenpolitischen und wirtschaftlichen Entwicklungen, unter denen der deutsche Staat insgesamt litt, kaum ausgeschaltet werden. Die Teilung Oberschlesiens 1921 und die Ruhrbesetzung 1923 konfrontierten die Bevölkerung mit den Folgen des verlorenen Krieges. Die im letzten Drittel der 1920er Jahre einsetzende Agrarkrise betraf zwar Groß- wie bäuerliche Betriebe gleichermaßen, sie mobilisierte aber in besonderer Weise die Großgrundbesitzer Ostelbiens zur Forderung nach einer rücksichtslosen Interessenpolitik in Gestalt von umfangreichen Finanzhilfen. Die «Kamarilla», die persönliche Umgebung des Reichspräsidenten Hindenburg, die aus ostelbischen Großgrundbesitzerkreisen stammte, setzte eine Politik durch, die auf die Stadtbevölkerung keine Rücksicht mehr nahm. Bis 1927 erhielten Landwirte Finanzhilfen von mehr als 500 Millionen Mark als begünstigte Darlehen. Die 1928 begründete «Ostpreußenhilfe» und die «Osthilfe» unterstützten ebenfalls überproportional Großbetriebe in Ostpreußen, Pommern und Schlesien. Diese «Selbstbedienung» des östlichen Großgrundbesitzes angesichts der katastrophalen Wirtschaftslage hat zum Scheitern der Weimarer Republik nicht unwesentlich beigetragen. Als die Osthilfe ab 1932 in ein Siedlungsprogramm münden sollte, das die Verteilung des überschuldeten Großgrundbesitzes an Bauern vorsah, geriet die Regierung Heinrich Brünings angesichts der feindlichen Einstellung der Großgrundbesitzer in existentielle Schwierigkeiten. Brünings Entlassung am 30. Mai 1932, die den Weg in die Diktatur frei machte, war jedenfalls mit der Stimmungsmache der

Großgrundbesitzer im Umfeld des Reichspräsidenten eng verbunden.

Im Zusammenhang mit den bedrohlichen Wirtschaftskrisen und wachsender Arbeitslosigkeit fiel eine Entscheidung beinahe kaum noch ins Gewicht, die die jahrhundertelange Vorrangstellung der Rittergutsbesitzer in Preußen zumindest im öffentlichen Recht beendete. Im Jahr 1927 wurden die Gutsbezirke als kleinste Verwaltungseinheit aufgelöst. Die Neuorganisation setzte den Schlusspunkt hinter den Prozess der Entprivilegierung der großen Grundbesitzer, der mit den Gesetzen der Agrarreform zu Beginn des 19. Jahrhunderts eingesetzt hatte. Der Paternalismus als traditionelle Herrschaftsideologie des preußischen Adels konnte von jetzt an nur noch persönliche Haltung und nicht mehr staatliches Regierungsprogramm sein.

In der historischen Wahrnehmung der 1920er Jahre rückte, nicht zuletzt durch die Erinnerungen der nach 1933 aus Deutschland vertriebenen und emigrierten Künstler und Schriftsteller, Berlin in den Mittelpunkt. Durch die Eingemeindung Charlottenburgs und anderer Gemeinden im Umland zählte Groß-Berlin im Jahr 1920 ca. 4,3 Millionen Einwohner. Nach New York und London galt Berlin damit als drittgrößte Stadt der Welt. Von nun an kamen Berlin und seine «goldenen zwanziger Jahre» ohne die Vermittlung Preußens aus. Die Stadt trat in eine direkte Beziehung zum deutschen Nationalstaat, aber auch zur globalen Kultur. Das Wachstum der Stadt änderte ihre Physiognomie. An die Seite der frühneuzeitlichen Schloss- und Kirchenbauten, der wilhelminischen Mietskasernen und der Fabriken traten neue Wohnsiedlungen mit Gartenstadtcharakter. In solchen Wohnsiedlungen lebten allerdings kaum die Bewohner der Mietskasernenviertel, sondern Angestelltenfamilien und untere Beamte. Das Berlin der 1920er Jahre faszinierte Zeitgenossen und Nachlebende durch die besondere Mischung aus Massenkultur und Avantgarde. Berlins 30 Theater zeigten die Inszenierungen Max Reinhardts, aber auch zahlreiche Unterhaltungskomödien ohne Tiefsinn. Bertolt Brecht und Kurt Weill feierten mit der «Dreigroschenoper» einen großen Erfolg, der sich anderswo nicht wiederholen ließ. Das Kino wurde zum

Vergnügungsort eines Massenpublikums, aber auch die künstlerische Avantgarde kam mit Filmen wie «Metropolis» oder «Das Cabinet des Dr. Caligari» auf ihre Kosten. In der Zeitungsstadt Berlin blühten die Illustrierten, während Kurt Tucholsky anspruchsvolle Beobachtungen der modernen Stadt verfasste. Alfred Döblin setzte der Stadt in «Berlin Alexanderplatz» ein würdiges Denkmal. Das große Publikum begeisterte sich an den neuen Varietévorstellungen mit Revuegirls im amerikanischen Stil.

In den 1920er Jahren lebten ca. 170 000 Personen mit jüdischen Wurzeln in Berlin. Darunter befanden sich auch viele nicht mehr religiös gebundene Juden bzw. zum Christentum Konvertierte. In Berlin jedenfalls schien die Emanzipation der Juden gelungen. Vor allem in den freien Berufen, bei Ärzten, Anwälten und Journalisten, stellten mit dem Judentum verbundene Praktiker einen gewichtigen Teil des erfolgreichen Berliner Bürgertums. Auf der anderen Seite blieb auch die Hauptstadt nicht frei von Antisemitismus, der zunehmend weniger auf religiösen Vorbehalten als auf einem giftigen Rassismus beruhte.

Auf den ersten Blick könnte es daher scheinen, als hätten Preußen als ein von den ländlichen Eliten geprägtes Staatswesen und das Berlin der Weimarer Republik nichts mehr gemeinsam. In der Praxis aber gab es zahlreiche Berührungspunkte. Nicht nur der Landadel Brandenburgs, sondern auch Schlesier und Ostpreußen besuchten Berlin regelmäßig, um Rechtsgeschäfte zu erledigen, Einkäufe zu tätigen oder politisch bedeutsame Geselligkeit zu pflegen. Die «Grüne Woche» bot einen Anlass zur Veranstaltung von Bällen, die nicht zuletzt als Heiratsmarkt genutzt wurden. Von einer konsequenten Ablehnung der Metropole durch konservative Landbewohner konnte in der alltäglichen Praxis mithin keine Rede sein.

Im Jahr 1930 wurde auf der Museumsinsel in Berlin das Pergamonmuseum eröffnet, der letzte der großen Museumsbauten, der das Kulturensemble im Zentrum der Hauptstadt vervollständigte. Die Verwaltung der Hohenzollern-Schlösser war seit 1927 staatlich organisiert. Aus den Schlössern als Residenzen der Fürsten wurden Museen für die Bevölkerung. Die politische

Repräsentation des Freistaates verlagerte sich zu den öffentlichen Bauten für Politik und Kultur im Zentrum Berlins.

2. Preußen im Nationalsozialismus und im Zweiten Weltkrieg

Der Zeitpunkt, zu dem berechtigterweise von einem «Ende Preußens» gesprochen werden kann, variiert je nach Perspektive. Neben der für die deutsche Republik bedeutsamen Zäsur vom 30. Januar 1933, der Machtübernahme der Nationalsozialisten, kann man das wichtige Datum der preußischen Geschichte bereits ein halbes Jahr früher ansetzen. Mit dem «Preußenschlag» vom 20. Juli 1932 entmachtete Reichskanzler Franz von Papen die preußische Regierung Otto Brauns. Mit einer Notverordnung machte sich der Reichskanzler zum Reichskommissar, enthob Braun und Severing ihrer Ämter und ernannte den Essener Oberbürgermeister Bracht zum Innenminister. Die Polizei wurde dem Reichskommissar unterstellt. Damit endete der letzte Versuch der preußischen Regierung, den Nationalsozialisten Widerstand entgegenzusetzen. Noch am 17. März 1932, einige Tage nach der Reichspräsidentenwahl, bei der Otto Braun öffentlich zur Wahl Hindenburgs aufgerufen hatte, um die Wahl Hitlers zu verhindern, hatte der preußische Innenminister Severing nach einer Durchsuchung in den Geschäftsstellen von NSDAP und SA festgestellt, dass die SA ihre Männer am Wahltag für gewaltsame Auseinandersetzungen mobilisiert hatte. Obwohl Hindenburg die Reichspräsidentenwahl am 10. April gewann und SA und SS verboten wurden, war für die Eindämmung der Nationalsozialisten nicht viel erreicht. Nach den preußischen Landtagswahlen vom 24. April, die den Nationalsozialisten große Gewinne brachten, besaßen die Parteien der Weimarer Koalition keine Mehrheit mehr. Die Reichsregierung Brünings verlor die Unterstützung der Reichswehr und trat am 30. Mai zurück. Franz von Papen, ein Mann des rechten Zentrums, wurde mit Unterstützung General von Schleichers Reichskanzler. Im Juni wurde das Verbot von SA und SS aufgehoben. Daraufhin eskalierte die politische

Gewalt, allein im Juli 1932 starben 86 Menschen. Der Terror, der im sog. «Altonaer Blutsonntag» am 17. Juli seinen Höhepunkt fand, lieferte schließlich die Begründung für die Entmachtung der provisorischen preußischen Regierung durch das Reich.

Besonders signifikant erscheint dabei, dass die Reichsregierung des «Kabinetts der Barone» nicht etwa der katastrophalen Wirtschaftslage und der hohen Arbeitslosigkeit, sondern der Beseitigung der preußischen Regierung Priorität verlieh. Preußen war wichtig, und die autoritäre Herrschaft zeigte hier ihren Hass auf die demokratische Republik. Das Klima der Gewalt, das sich in den Auseinandersetzungen zwischen Nationalsozialisten und Kommunisten äußerte, zerstörte die Voraussetzungen der Demokratie. Die Anrufung des Staatsgerichtshofs durch die Regierung Braun änderte nichts mehr an der Tatsache, dass der Reichskommissar nun die staatliche Macht in Preußen ausübte. Die junge demokratische Tradition Preußens war damit endgültig ausgeschaltet. Die Reichsregierung Papen hatte dem Nationalsozialismus allerdings nichts mehr entgegenzusetzen, die Diktatur von Mitgliedern der traditionellen Eliten blieb ein Wunschtraum. Das «Dritte Reich» ersetzte die parlamentarische Demokratie durch den Führerstaat, der eine ethnisch-national gedachte Volksgemeinschaft imaginierte. Mit dem «Preußenschlag» endete die demokratische Phase der preußischen Geschichte. Hermann Göring als kommissarischer preußischer Innenminister sorgte für die Entfernung demokratischer Beamter aus der Verwaltung. Die Polizei trat an die Seite von SA und SS und begann, Regimegegner in «Schutzhaft» zu nehmen. Die Presse- und Versammlungsfreiheit wurde aufgehoben. Nach dem Reichstagsbrand am 27. Februar 1933 setzte die Verfolgung und Verhaftung vor allem von Kommunisten und Sozialdemokraten ein. In den Landtagswahlen vom 5. März 1933 erreichte die NSDAP 43,2% der Stimmen und bildete mit der DNVP eine Regierung unter Hermann Göring als Ministerpräsidenten.

Als symbolischer Endpunkt der preußischen Geschichte lässt sich auch der «Tag von Potsdam» am 21. März 1933 interpretieren, der Hitler und Hindenburg in der Garnisonkirche zusammenführte. In der nationalsozialistischen Propaganda und in der Wahrnehmung der Nachgeborenen vereinigten sich hier «altes Preußen» und «neues Deutschland» in der Beschwörung vergangener und zukünftiger Größe. Auch Mitglieder der Hohenzollern-Familie, darunter Kronprinz Wilhelm, nahmen an der Veranstaltung teil. Während die traditionellen Eliten noch von der politischen Auslöschung des demokratischen Preußen träumten, plante Hitler bereits Herrschaft und physische Auslöschung von Gegnern durch Gewalt und Terror. Die Gleichschaltung Preußens wie der anderen Länder beendete den Weimarer Föderalismus schließlich auch formal. Der Aufstieg des Nationalsozialismus hatte sich dabei auch in Preußen vollzogen. Dennoch fallen die großen Unterschiede der Wahlergebnisse auf. Sieht man auf der einen Seite vom Protestantismus geprägte Hochburgen der Nationalsozialisten wie Ostpreußen und – freilich mit anderer Vergangenheit – Schleswig-Holstein und Hessen, so zählen auf der anderen Seite das katholische Rheinland und Westfalen eher nicht zu denjenigen Gebieten, in denen die Nationalsozialisten ihre größten Erfolge verbuchen konnten. Der Nationalsozialismus bewirkte damit zunächst eher eine Betonung der Heterogenität der preußischen Regionen. Er bewirkte aber auch das schmerzliche Ende großer Traditionen: Die Universität Königsberg, im 19. Jahrhundert noch Hochburg des ostpreußischen Liberalismus, der auch im Adel verbreitet war, entwickelte sich mehr und mehr zur nationalsozialistischen Vorzeigeanstalt.

Die Beziehung zwischen Preußen und den Nationalsozialisten blieb durchaus ambivalent. Den Herrschaftsanspruch und den Hochmut der altpreußischen Eliten behielt Hitler in lebhafter und negativer Erinnerung. Trotzdem lag den Nationalsozialisten eine generelle Verdammung Preußens fern. Stattdessen ging es ihnen um eine selektive Verwertung des preußischen Erbes in meist pathetischer Stilisierung. Die Nationalsozialisten beriefen sich auf Preußen in propagandistischer Absicht und behaupteten eine «natürliche Erbfolge», ohne grundsätzlich auf dieses Motiv der Herrschaftslegitimation angewiesen zu sein. Die gewaltsame Lebensraumpolitik im Osten bezog sich positiv auf die mittelalterliche Ostkolonisation, die allerdings eher Brandenburg als Preußen zuzuschreiben war. Territoriale Expansion als wesentliches Merkmal der preußischen Staatsbildungsgeschichte erreichte über die Germanisierungspolitik im Kaiserreich auch die nationalsozialistische Ordnungsvorstellung für Europa. In der Faszination durch Führergestalten und «historische Größe» fand Friedrich der Große als absoluter König und militärischer Befehlshaber Anerkennung. Schließlich kann man auch die nationalsozialistische Monumentalarchitektur, etwa in Albert Speers Plänen für die Reichshauptstadt, als Nachahmung des preußischen Klassizismus des 19. Jahrhunderts verstehen. Hier gilt es aber, die symbolische Aufladung in Dimensionen wahnhafter Größe, welche die nationalsozialistischen Planungen auszeichnete, grundsätzlich von der Architektur Karl Friedrich Schinkels zu unterscheiden.

Wie für den Ersten Weltkrieg lässt sich auch für die Jahre von 1939 bis 1945 nicht von einem «preußischen Krieg» sprechen. Das nationalsozialistische Deutschland strebte die Herrschaft über ganz Europa an. Hitlers erstes Ziel stellte Polen dar, es folgten Frankreich, die Niederlande und Skandinavien, schließlich die Sowjetunion. Der Überfall auf Polen am 1. September 1939 rückte die Deutsche Wehrmacht in den Mittelpunkt der Aufmerksamkeit. Die Soldaten, die Generäle und auch der Generalstab hielten an ihrem Eid auf den «Führer» fest. Die militärischen Traditionen Preußens wurden gerade auch in der Perspektive der Opfer in den Militarismus des Gewaltregimes eingeordnet. Das erschien umso nachvollziehbarer, je mehr sich das Regime im Verlauf des Krieges, nicht zuletzt mit Durchhaltefilmen wie «Kolberg», beschwörend auf den «Mythos Preußen» bezog. Im und durch den Weltkrieg konnte Hitler sein – neben der europäischen Hegemonie – zweites Ziel, die Vernichtung des europäischen Judentums, beinahe vollständig erreichen. Dabei ließ sich der Antisemitismus, der am Ende des 19. Jahrhunderts in Deutschland zur rassistischen Ideologie geworden war, unaufhörlich weiter radikalisieren. Nach der Ausgrenzung der Juden in den 1930er Jahren durch die «Nürnberger Gesetze» folgte die Entrechtung im Novemberpogrom, der verharmlosend «Reichskristallnacht» genannten Verfolgung vom 9. November 1938. Juden verloren ihr Eigentum durch die «Arisierung» und traten häufig mittellos den Weg in die Emigration an. Im Jahr 1940 durften Juden in Berlin nur noch in besonderen Lebensmittelgeschäften zwischen 16 und 17 Uhr ihre geringen Rationen einkaufen. Am Ende stand der Völkermord durch die Kommandos der Einsatzgruppen im Osten, schließlich der industrialisierte Massenmord in den Gaskammern der Vernichtungslager, für die der Name Auschwitz zum Symbol geworden ist.

Die Vernichtung umfasste nicht bloß die Juden in Polen, der Sowjetunion und dem Baltikum, sondern auch westeuropäische, deutsche und preußische Juden. Am 12. Februar 1940 wurden 1000 Juden aus Stettin und Umgebung nach Lublin gebracht. Ab November 1941 verließen die Deportationszüge Berlin, Dortmund, Düsseldorf und Köln. In Berlin wohnten im Herbst 1941 noch ca. 70 000 Juden und Menschen jüdischer Abstammung, von denen bis 1945 ca. 50 000 in Auschwitz und in anderen Lagern ermordet worden sind. In der deutschen Hauptstadt haben nur 3400 Juden, viele in Verstecken, den Zweiten Weltkrieg überlebt.

Der Widerstand gegen die Nationalsozialisten war kein Massenphänomen, und jede Widerstandshandlung ruft bis heute Achtung vor der Gewissensentscheidung und dem persönlichen Mut hervor, ein lebensgefährliches Risiko einzugehen. Die verschiedenen Widerstandsgruppen von den Kommunisten über die Sozialdemokraten, Liberalen oder Katholiken handelten auch in Preußen, ohne dass dieser Bezug ausschlaggebend gewesen wäre. In regimekritischen Zirkeln, z. B. im Kreis um Hanna Solf, wurde über Möglichkeiten des Handelns diskutiert. Elisabeth von Thadden, geboren in eine pommersche Adelsfamilie mit pietistischen Traditionen, die im Kontakt mit anderen Kritikern stand, wurde 1943 denunziert und im September 1944 hingerichtet. Im Zusammenhang mit Preußen wird meist die Bewegung vom 20. Juli 1944 genannt, die mit dem Attentat Claus Schenk Graf von Stauffenbergs auf Hitler scheiterte. Aber genauso, wie der Widerstand nicht deshalb ein Widerstand «des Adels» war, weil ca. ein Drittel der im Zusammenhang mit dem

Attentat Ermordeten adlige Namen trug, war er an sich «preußisch». Die Gebrüder Stauffenberg stammten aus Württemberg. Den Kern des militärischen Widerstands bildeten Offiziere des Generalstabs wie Henning von Tresckow, Fabian von Schlabrendorff und Peter Graf Yorck von Wartenburg im Oberkommando des Heeres. Der Sozialdemokrat Julius Leber und der Jurist Carl Goerdeler, der aus Preußen stammte, aber während der Weimarer Republik Oberbürgermeister von Leipzig war, sorgten sich eher um Moral und Ehre in Deutschland. Das Attentat vom 20. Juli 1944 scheiterte einerseits an unvorhersehbaren Zufällen, andererseits aber auch an der mangelnden Unterstützung durch die militärischen Mitverschwörer wie Generaloberst Beck. In den letzten Jahren ist häufig zu Recht hervorgehoben worden, dass viele Angehörige des Widerstands den Nationalsozialismus zunächst unterstützt haben und den Kriegsverbrechen im Osten nicht von Anfang an entgegengetreten sind. Außerdem standen manche einer politischen Zukunft Deutschlands als parlamentarischer Demokratie skeptisch gegenüber und bevorzugten stattdessen ständestaatliche und elitäre Regierungsvorstellungen. Im «Kreisauer Kreis», der sich auf dem schlesischen Gut Helmuth James Graf von Moltkes traf, wurden christliche Vorstellungen mit der Ideenwelt der bündischen Jugend in Zusammenhang gebracht. An der Bewunderung der Nachgeborenen für die moralische Qualität des Handelns der Männer und Frauen im Widerstand ändert das allerdings nichts.

In Preußen wie in Deutschland insgesamt endete der Krieg 1945 mit Millionen toten Zivilisten und Wehrmachtssoldaten. Die preußischen Städte, vor allem die Wohngebiete, waren zum großen Teil zerstört. Hunger und Elend prägten die unmittelbare Zukunft. Politisch, militärisch und moralisch war die Niederlage vollkommen. Die ohnehin nur noch formal bestehende Staatlichkeit Preußens im «totalen Staat» der Nationalsozialisten konnte dann mit einem Federstrich beseitigt werden.

Epilog
Die Gegenwart Preußens

Nach dem Ende des Zweiten Weltkriegs erklärten die Alliierten mit dem Kontrollratsbeschluss vom 25. Februar 1947 die Auflösung Preußens. Vor allem Briten und US-Amerikaner machten den «preußischen Militarismus» für die Entfesselung des Weltkriegs mitverantwortlich. Solche Annahmen hatten übrigens bereits eine bis in den Ersten Weltkrieg zurückreichende Tradition und wurden der Besonderheit der nationalsozialistischen Herrschaft kaum gerecht, lenkten aber die Beschlüsse der Alliierten. Eigentlich aber hatten bereits die Gründung der Länder in den westlichen Zonen 1945/46 und die deutsche Teilung das endgültige Ende der preußischen Staatlichkeit mit sich gebracht. Der Osten Preußens und des Reiches – Ostpreußen, Schlesien und Hinterpommern – wurde abgetrennt und sowjetischer bzw. polnischer Herrschaft unterstellt. Berlin erlebte zunächst eine Teilung in vier Zonen, der eine Spaltung von Ost und West folgte. Stadtschloss und Museumsinsel lagen nun in der östlichen Hälfte Berlins, von Potsdam zu schweigen. Den Westberlinern blieb nur das Schloss Charlottenburg mit dem Mausoleum der Königin Luise.

In der 1949 gegründeten Bundesrepublik besaßen nur wenige Landschaften eine historische Bindung an Preußen. Die Bundesländer waren Neuschöpfungen wie Nordrhein-Westfalen, wo andere Identitäten (Rheinland, Westfalen, Lippe) konkurrierten. In Niedersachsen und Hessen erstand die vorpreußische Eigenstaatlichkeit auf Länderebene wieder. Bayern und Baden-Württemberg charakterisierten sich schon historisch eher als Antipoden zu Preußen.

Der Verlust der deutschen Ostgebiete machte Millionen preußische Einwohner zu Flüchtlingen und Vertriebenen, die teils in der neu gegründeten DDR, mehrheitlich aber im Westen, vor allem in Schleswig-Holstein und Niedersachsen, Aufnahme fanden, während die Sudetendeutschen eher nach Bayern kamen. Das Flüchtlingsschicksal verband auf Provinz- und landsmannschaftlicher Ebene. Statt sich auf das diskreditierte Preußen zu berufen, verstanden sich die Flüchtlinge als Ostpreußen, Pommern und Schlesier. Sie betonten damit weniger eine nationale und staatliche Zugehörigkeit als den Anspruch auf Rückkehr in eine kulturell definierte Heimat. In die von Deutschen verlassenen Gebiete kamen wiederum Flüchtlinge aus dem Innern der Sowjetunion, vor allem aber aus dem östlichen Polen und der Ukraine, also aus Gebieten, die das von der deutschen Besatzung befreite Polen der Sowjetunion überlassen musste. Auch diesen Flüchtlingen gelang es angesichts ihrer Erinnerungen an Lemberg meist nur langsam, in Breslau oder der Neumark heimisch zu werden.

Die Nachkriegsjahre waren im Osten wie im Westen Deutschlands von der Zerstörung der Städte geprägt. Nicht nur preußisches architektonisches Erbe ging dabei verloren. Die Zerstörung der Wohnhäuser betraf die ehemalige Reichshauptstadt Berlin, aber auch Breslau, Köln und Königsberg. Während sich die Polen beim Wiederaufbau Breslaus für eine positive Wahrnehmung der historischen Stadt entschieden und viele Gebäude der Innenstadt rekonstruierten, verschwand das historische Königsberg beinahe vollständig in der neuen Stadt der sowjetischen Moderne, die nun Kaliningrad hieß. In Berlin und Potsdam distanzierte sich die neu gegründete DDR praktisch wie symbolisch von Preußen und vom Deutschen Reich. Hier wie dort wurden in den 1950er Jahren die stark beschädigten Stadtschlösser als Sinnbilder der Hohenzollern-Herrschaft gesprengt. Die Ablehnung dieser Zerstörung, von der 1968 auch die Potsdamer Garnisonkirche betroffen war, kam von Architekten und Kunsthistorikern, aber auch aus der Bevölkerung. Die DDR besetzte den Ort des Stadtschlosses in Berlin nach langen Planungen mit dem Palast der Republik. Die Auseinandersetzung um die preußische Vergangenheit und die Zukunft der demokratischen und parlamentarischen Bundesrepublik setzt sich in der Debatte um die Wiedererrichtung der Stadtschlösser bis in die Gegenwart fort. In Berlin entschied sich eine Mehrheit des Abgeordnetenhauses für den Abriss des asbestbelasteten Palastes der Republik und eine Rekonstruktion des Schlosses als Humboldt-Forum, in dem die außereuropäischen Sammlungen der staatlichen Museen und die Berliner Universitäten die Rolle Berlins als kulturelles Zentrum symbolisieren, aber auch praktisch umsetzen sollen. Die Diskussion um die architektonische Gestaltung der Stadtzentren von Berlin und Potsdam betrifft die Vorstellung und Wahrnehmung von Geschichte generell, die sich nicht bloß in frühneuzeitlichen Schlössern, sondern eben auch in der Architektur der DDR manifestiert.

Unmittelbar nach dem Zweiten Weltkrieg gab es nur wenige Anknüpfungspunkte für ein Weiterleben Preußens als Ort des kulturellen Gedächtnisses. In beiden deutschen Staaten war Preußen als Ursprung des deutschen Militarismus diskreditiert. Die Staatsdoktrin der DDR setzte zunächst auf eine politisch verstandene Distanzierung des «Arbeiter- und Bauernstaates» von Preußen. Besucher der DDR aus dem westlichen Europa und aus der Bundesrepublik beschrieben allerdings schon in den 1960er Jahren Ostberlin und Potsdam als Überreste eines Preußentums, das trostlos-graue Strenge und kleinbürgerliche Pedanterie mit der Allgegenwart des Kasernenhoftons kombinierte. Solche Alltagsbeobachtungen trafen seit den 1970er Jahren auf eine sich wandelnde Haltung der Staatsführung, die sich zunehmend für eine historische Dimension der Legitimation des eigenen Staates interessierte. Auch in der DDR wurde Preußen wieder «chic». Mit Ingrid Mittenzweis Biographie Friedrichs II. und Ernst Engelbergs großer Bismarck-Darstellung entstanden Werke, die bis heute ihren Platz in der Historiographie behaupten können. Zwar wiesen die offiziellen Verlautbarungen die These vom «neuen Preußen-Bild» der DDR zurück. Aber manche Bereiche der historischen Forschung, z. B. die international angesehene Agrargeschichtsschreibung, profitierten deutlich von der Aktualisierung des preußischen Erbes. Als «Erbe» nahm man auch in der Bundesrepublik Preußen erst zögernd wahr. Der Prozess einer weit verstandenen Amerikanisierung nach dem Zweiten Weltkrieg hatte Politik, Gesellschaft und Kultur in der Bundesrepublik an Westeuropa, vor allem aber an die USA herangerückt. Der Publizist Sebastian Haffner brachte das Thema 1979 mit seinem Buch «Preußen ohne Legende» in die öffentliche Debatte zurück. Haffner setzte neben die Wahrnehmung Preußens als Militärstaat die Würdigung seiner Staatsidee von Vernunft, Toleranz und Rechtsstaatlichkeit und bereitete den Weg für eine konsequente Historisierung Preußens. Einen weiteren Meilenstein für die Rückkehr Preußens in die Gegenwart der Bundesrepublik stellte die Ausstellung «Preußen – Versuch einer Bilanz» im Gropius-Bau in Berlin im Herbst 1981 dar. Der fünfbändige Katalog, der sich auch mit Literatur und Theater in Berlin und Preußen im Film beschäftigte, wurde schnell zum Referenzwerk. In der Schau ging es um Monarchie und Militär, um Junker und Bürokratie, aber auch um das Scheitern der Revolution in Preußen 1848/49, um Arbeiter und die Industrialisierung und um den Alltag von Landarbeiterinnen und Näherinnen. Der Siegeszug der Sozialgeschichte als neuer Sichtweise auf die Geschichte insgesamt machte gleichsam das «andere» Preußen der kleinen Leute ausstellungswürdig. Die Ausstellung erlebte einen enormen Publikumszuspruch, der das Interesse der Öffentlichkeit an historischen Themen dokumentierte, das bis heute nicht nachgelassen hat.

Das historische Urteil über Preußen fällt vielschichtig, mehrdimensional und differenziert aus. Die Zeiten, in denen konservative politische Anschauungen mit einem positiven Preußen-Bild und entgegengesetzte Vorstellungen mit einem klaren Verdammungsurteil korrelierten, sind vorbei. Christopher Clarks neue und brillante Preußen-Darstellung geht sachlich, vorurteilslos und nicht ohne Sympathie mit ihrem Gegenstand um. Wer die Leser mit der Funktionsweise des Zündnadelgewehrs vertraut macht, das in den Einigungskriegen eine wichtige Rolle spielte, wirbt dadurch eben nicht automatisch für eine militaristische Sichtweise. Clarks Preußen-Buch zieht gleichzeitig Bilanz der jüngeren Forschung und bestimmt mit seiner Anschaulichkeit in der Darstellung und der Abgewogenheit im Urteil die Debatten der Zukunft.

Die lebendige Gegenwart Preußens als Kulturbegriff wird von zwei Institutionen repräsentiert. Die Stiftung Preußischer Kulturbesitz wurde 1957 durch den Bund und die Länder gegründet und umfasste zunächst nur den Bereich der alten Bundesrepublik. Zur Stiftung gehören heute die Staatlichen Museen zu Berlin (auf der Museumsinsel und in Dahlem), die Staatsbibliothek und das Geheime Staatsarchiv. Mit einem Etat von 237 Millionen Euro (2007) werden Gebäude erhalten, Bestände erschlossen und erweitert und die kunst- und kulturgeschichtliche Forschung vorangetrieben. Im Jahr 1994 gründeten Berlin und Brandenburg gemeinsam mit dem Bund die Stiftung Preußische Schlösser und Gärten Berlin-Brandenburg. Schloss Sanssouci und die Schlösser- und Gartenlandschaft Berlin-Potsdams werden hier der Öffentlichkeit zugänglich gemacht. Ausstellungen, Vorträge und Führungen präsentieren die Schlösserarchitektur, aber eben auch Einblicke in die Lebenswelt von Königen, Beamten und Dienstmädchen einem stetig wachsenden Strom von in- und ausländischen Besuchern. Möglicherweise hängt dieses gesteigerte Interesse mit einem neuen Bewusstsein für den Wert des kulturellen Erbes in den Zeiten der Globalisierung zusammen. Im Jahr 1990 wurden die Schloss- und Gartenanlagen Potsdam-Berlin von der UNESCO zum Weltkulturerbe erklärt. Solche Entwicklungen geben einerseits zu Befriedigung Anlass, auf der anderen Seite steht ein wachsender und bei knapper Haushaltslage der öffentlichen Hand kaum zu befriedigender Finanzierungsbedarf. Allein die Aufwendungen für die dringend erforderliche Sanierung des Neuen Palais in Potsdam betragen in den nächsten Jahren mehrere Millionen Euro. Daher wird ein neues, staatsbürgerlich gedachtes Mäzenatentum für den Erhalt der Bauwerke, aber auch für die weitere historische Forschung, zunehmend wichtig.

Die Attraktivität gerade der Berlin-Potsdamer Kulturlandschaft speist sich aus der Vielfalt der künstlerisch-ästhetischen Anknüpfungspunkte, aber auch aus der Faszination, die historische Persönlichkeiten, Friedrich der Große vor allem, in der Gegenwart ausüben. Das Spannungsverhältnis zwischen den Werten, die mit dem Mythos Preußen verbunden werden, bleibt auch in Zukunft bestehen. Im August 1991 wurde der Sarg Friedrichs von der Burg Hohenzollern nach Sanssouci gebracht. Wie im Testament angeordnet, ruht der König nun in der Gruft der Terrasse von Sanssouci. Jedenfalls hier hat Preußen zu sich selbst gefunden.

Zeittafel

1157	Markgraf Albrecht der Bär in Brandenburg
1356	Bestätigung der brandenburgischen Kurwürde in der Goldenen Bulle Kaiser Karls IV.
1412	Der Hohenzoller Friedrich VI., Burggraf von Nürnberg, wird Verweser der Mark Brandenburg
1525	Hochmeister Albrecht von Brandenburg führt die Reformation ein. Preußen rechts der Weichsel wird weltliches Herzogtum
1609	Nach dem Tod des letzten Herzogs von Jülich Beginn des Erbfolgestreits um Jülich, Kleve und Berg, Mark und Ravensberg
1613	Kurfürst Johann Sigismund bekennt sich zum Kalvinismus
1618–48	Dreißigjähriger Krieg
1640–88	Regierungszeit Friedrich Wilhelms, des «Großen Kurfürsten»
1685	Edikt von Potsdam
1701	Friedrich III. krönt sich als Friedrich I. zum König in Preußen
1713–40	Regierungszeit König Friedrich Wilhelms I. (genannt der Soldatenkönig)
1740–86	Regierungszeit König Friedrichs II. (der Große)
1740–42	Erster Schlesischer Krieg
1744	Bau des Schlosses Sanssouci bei Potsdam
1756–63	Siebenjähriger Krieg
1772	Erste Teilung Polens. Preußen erhält Westpreußen (ohne Danzig und Thorn), das Ermland und den Netzedistrikt
1786–97	Regierungszeit König Friedrich Wilhelms II.
1789	Bau des Brandenburger Tores in Berlin
1793	Zweite Teilung Polens. Preußen erhält Danzig, Thorn, «Südpreußen»
1794	Allgemeines Landrecht für die Preußischen Staaten
1797–1840	Regierungszeit König Friedrich Wilhelms III.
1803	Reichsdeputationshauptschluss
1806	Niederlage gegen Napoleon in der Schlacht bei Jena und Auerstedt
1810	Eröffnung der Universität in Berlin
1813	Völkerschlacht bei Leipzig
1814/15	Wiener Kongress
1817	Evangelische Union
1834/35	Gründung des Zollvereins

1847	Einberufung des Vereinigten Landtags
1848/49	Revolution in Deutschland und Europa. Preußen wird Verfassungsstaat
1860–66	Heeres- und Verfassungskonflikt
1861–88	Regierungszeit König/ab 1871 Kaiser Wilhelms I.
1864	Deutsch-Dänischer Krieg
1866	Krieg zwischen Preußen und Österreich. Gründung des Norddeutschen Bundes
1871	Deutsch-Französischer Krieg. Gründung des Deutschen Kaiserreichs
1872	«Kulturkampf». Verbot des Jesuitenordens
1874	Einführung der obligatorischen Zivilehe
1878–90	«Sozialistengesetze»
1883–89	Sozialgesetzgebung
1888–1918	Regierungszeit Kaiser Wilhelms II.
1914–18	Erster Weltkrieg
1918	Ende der preußisch-deutschen Monarchie mit der Abdankung Wilhelms II.
1920	Der Friedensvertrag von Versailles bringt Preußen Gebietsverluste (Teile Posens und Westpreußens an Polen, das Memelgebiet an Litauen, Eupen und Malmedy an Belgien). Otto Braun wird preußischer Ministerpräsident
1932	«Preußenschlag» der Reichsregierung unter Reichskanzler Franz von Papen (20. Juli)
1934	Die preußischen Ministerien werden mit den Reichsministerien vereinigt
1944	Gescheitertes Attentat auf Hitler (20. Juli)
1947	Aufhebung des Staates Preußen durch das Alliierte Kontrollratsgesetz Nr. 46
1957	Gründung der Stiftung Preußischer Kulturbesitz

Literatur

(Auswahl, nur Monographien und Sammelbände)

Barclay, David E., Anarchie und guter Wille. Friedrich Wilhelm IV. und die preußische Monarchie, Berlin 1995

Benz, Wolfgang, Der Holocaust, München, 2. Aufl. 1996

Blackbourn, David, Die Eroberung der Natur, München 2007

Bock, Gisela, Frauen in der europäischen Geschichte, München 2000

Boockmann, Hartmut, Ostpreußen und Westpreußen, Berlin 1992

Büsch, Otto/Wolfgang Neugebauer (Hg.), Moderne Preußische Geschichte 1648–1947, 3 Bde., Berlin 1981

Clark, Christopher, Preußen. Aufstieg und Niedergang. 1600–1947, München 2006

Duchhardt, Heinz, Stein. Eine Biographie, Münster 2007

Dwyer, Philip (Hg.), Modern Prussian History 1830–1947, Harlow 2001

Enders, Lieselott, Die Uckermark, Weimar 1992

Fontane, Theodor, Wanderungen durch die Mark Brandenburg, 6 Bde., München ²1963–68

Frevert, Ute, Frauengeschichte, Frankfurt/M. 1986

Frie, Ewald, Friedrich August Ludwig von der Marwitz, 1777–1837. Biographien eines Preußen, Paderborn 2001

Gall, Lothar, Bismarck, der weiße Revolutionär, Stuttgart 1982

Gestrich, Andreas, Absolutismus und Öffentlichkeit, Göttingen 1994

Hachtmann, Rüdiger, Berlin 1848, Bonn 1997

Haffner, Sebastian, Preußen ohne Legende, Hamburg 1978

Hagen, William W., Germans, Poles and Jews. The Nationality Conflict in the Prussian East, 1772–1914, Chicago 1980

Hagen, William W., Ordinary Prussians. Brandenburg Junkers and Villagers, 1500–1840, Cambridge 2002

Harnisch, Hartmut, Die Herrschaft Boitzenburg, Weimar 1968

Harnisch, Hartmut, Kapitalistische Agrarreform und industrielle Revolution, Weimar 1984

Hertz, Deborah, Jewish High Society in Old-Regime Berlin, New Haven 1988

Hintze, Otto, Die Hohenzollern und ihr Werk. Fünfhundert Jahre vaterländischer Geschichte, Berlin 1916

Holtz, Bärbel/Hartwin Spenkuch (Hg.), Preußens Weg in die politische Moderne, Berlin 2001

Hoock-Demarle, Marie-Claire, Die Frauen der Goethezeit, München 1990

Kohlrausch, Martin, Der Monarch im Skandal. Die Logik der Massenmedien und die Transformation der wilhelminischen Monarchie, Berlin 2005

Koselleck, Reinhart, Preußen zwischen Reform und Revolution, Stuttgart 1967

Kossert, Andreas, Masuren. Ostpreußens vergessener Süden, Berlin 2001

Kossert, Andreas, Ostpreußen. Geschichte und Mythos, Berlin 2005

Kroll, Frank Lothar (Hg.), Preußens Herrscher. Von den ersten Hohenzollern bis Wilhelm II., München 2000

Kühne, Thomas, Dreiklassenwahlrecht und Wahlkultur in Preußen 1867–1914, Düsseldorf 1994

Kunisch, Johannes, Friedrich der Große. Der König und seine Zeit, München 2004

Langewiesche, Dieter, Liberalismus in Deutschland, Frankfurt/M. 1988

Malinowski, Stephan, Vom König zum Führer. Sozialer Niedergang und politische Radikalisierung im deutschen Adel zwischen Kaiserreich und NS-Staat, Berlin 2003

Matzerath, Horst, Urbanisierung in Preußen 1815–1914, Stuttgart 1985

Meyer, Michael A. (Hg.), Deutsch-jüdische Geschichte der Neuzeit, 4 Bde., München 2000

Mittenzwei, Ingrid, Friedrich II. von Preußen: eine Biographie, Köln 1980

Mommsen, Wolfgang, Der autoritäre Nationalstaat. Verfassung, Gesellschaft und Kultur des deutschen Kaiserreiches, Frankfurt/M. 1990

Neitmann, Klaus (Hg.), Das brandenburgische Städtewesen im Übergang zur Moderne, Berlin 2001

Neugebauer, Wolfgang (Hg.), Handbuch der Preußischen Geschichte, Berlin 1992 ff.

Neugebauer, Wolfgang, Die Hohenzollern, 2 Bde., Stuttgart 1996, 2003

Nipperdey, Thomas, Deutsche Geschichte, 1800–1866, München 1983; 1866–1918 (2 Bde.), München 1990, 1992

Peters, Jan (Hg.), Konflikt und Kontrolle in Gutsherrschaftsgesellschaften, Göttingen 1995

Puhle, Hans-Jürgen/Hans-Ulrich Wehler (Hg.), Preußen im Rückblick, Göttingen 1980

Pyta, Wolfram, Hindenburg, München 2007

Radtke, Wolfgang, Gewerbe und Handel in der Kurmark Brandenburg 1740 bis 1806, Berlin 2003

Rahden, Till van, Juden und andere Breslauer. Die Beziehungen zwischen Juden, Protestanten und Katholiken in einer deutschen Großstadt, 1860–1925, Göttingen 2000

Reif, Heinz, Westfälischer Adel 1770–1860. Vom Herrschaftsstand zur regionalen Elite, Göttingen 1979

Ribbe, Wolfgang (Hg.), Geschichte Berlins, 2 Bde., Berlin 2002

Ribbe, Wolfgang/Hansjürgen Rosenbauer, Preußen. Chronik eines deutschen Staates, Berlin 2000

Schlenke, Manfred (Hg.), Preußen. Politik, Kultur, Gesellschaft, 2 Bde., Hamburg 1986

Schlögel, Karl, Im Raume lesen wir die Zeit, München 2003

Schüler-Springorum, Stephanie, Die jüdische Minderheit in Königsberg/Pr. 1871–1945, Göttingen 1996

Schulze, Hagen, Otto Braun oder Preußens demokratische Sendung, Frankfurt/M. 1977

Schulze Wessel, Martin, Russlands Blick nach Preußen. Die polnische Frage in der Diplomatie und der politischen Öffentlichkeit des Zarenreiches und des Sowjetstaates 1697–1947, Stuttgart 1995

Spenkuch, Hartwin, Das Preußische Herrenhaus. Adel und Bürgertum in der Ersten Kammer des Landtags 1854–1918, Düsseldorf 1998

Stamm-Kuhlmann, Thomas, König in Preußens großer Zeit. Friedrich Wilhelm III., der Melancholiker auf dem Thron, Berlin 1992

Stern, Fritz, Fünf Deutschland und ein Leben, München 2007

Stollberg-Rilinger, Barbara, Das Heilige Römische Reich Deutscher Nation, München 2006

Ullmann, Hans-Peter/Clemens Zimmermann (Hg.), Restaurationssystem und Reformpolitik, München 1996

Teppe, Karl (Hg.), Westfalen und Preußen, Paderborn 1991

Wagner, Patrick, Bauern, Junker und Beamte. Lokale Herrschaft und Partizipation im Ostelbien des 19. Jahrhunderts, Göttingen 2005

Wehler, Hans-Ulrich, Deutsche Gesellschaftsgeschichte, 4 Bde., München 1987–2003

Wehler, Hans-Ulrich, Preußen ist wieder chic, Frankfurt/M. 1983

Wienfort, Monika, Patrimonialgerichte in Preußen, Göttingen 2001

Windt, Franziska (Hg.), Preußen 1701. Eine europäische Geschichte, Berlin 2001

Winkler, Heinrich August, Weimar 1918–1933, München 1993

Wunder, Heide, Er ist die Sonn', sie ist der Mond. Frauen in der Frühen Neuzeit, München 1992

Register